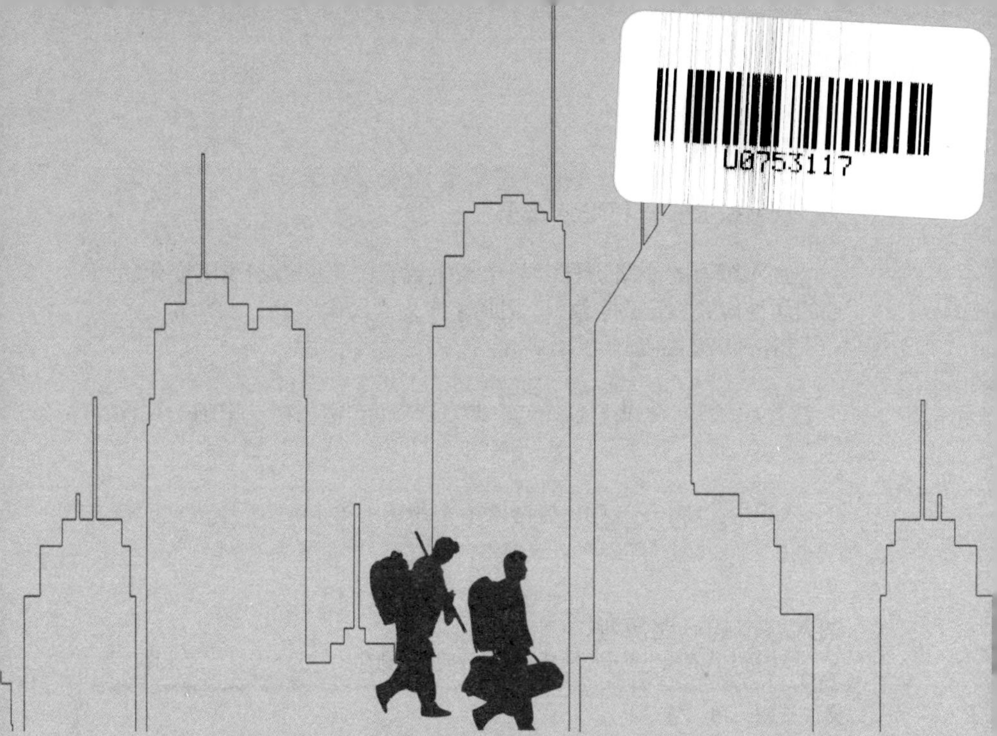

融入城市的心路历程
关于新生代农民工城市归属感变化轨迹的访谈研究

王玉栋 著

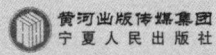

图书在版编目(CIP)数据

融入城市的心路历程:关于新生代农民工城市归属感变化轨迹的访谈研究/王玉栋著. —银川:宁夏人民出版社,2018.6
ISBN 978-7-227-06919-5

Ⅰ.①融… Ⅱ.①王… Ⅲ.①民工—访问记—中国—现代 Ⅳ.①K828.1

中国版本图书馆CIP数据核字(2018)第146157号

融入城市的心路历程
——关于新生代农民工城市归属感变化轨迹的访谈研究

王玉栋 著

责任编辑	白 雪
责任校对	管世献
封面设计	沈家菡
责任印制	肖 艳

黄河出版传媒集团
宁夏人民出版社 出版发行

地　　址	宁夏银川市北京东路139号出版大厦(750001)
网　　址	http://www.yrpubm.com
网上书店	http://www.hh-book.com
电子信箱	nxrmcbs@126.com
邮购电话	0951-5052104　5052106
经　　销	全国新华书店
印刷装订	宁夏凤鸣彩印广告有限公司
印刷委托书号	(宁)0009924

开　本	880 mm×1230 mm　　1/32
印　张	4.75　　字　数　100千字
版　次	2018年7月第1版
印　次	2018年7月第1次印刷
书　号	ISBN 978-7-227-06919-5
定　价	16.00元

版权所有　侵权必究

目　录

导　论
　一、问题的提出 …………………………………… 001
　二、关于新生代农民工城市归属感的相关研究 ………… 003
　三、研究思路与研究方法 ………………………… 009

第一章　新生代农民工城市归属感变化轨迹的形态
　一、城市归属感变化轨迹的形态分类 ……………… 023
　二、一字型城市归属感变化轨迹 …………………… 024
　三、上升型城市归属感变化轨迹 …………………… 025
　四、下降型城市归属感变化轨迹 …………………… 035
　五、波动型城市归属感变化轨迹 …………………… 038

第二章　影响新生代农民工城市归属感变化轨迹的微观因素
　一、经济收入与物质生活水平 ……………………… 051
　二、闲暇时间 ……………………………………… 054
　三、城市认知 ……………………………………… 056
　四、社会化时间 …………………………………… 059
　五、择业观与职业选择、职业地位的主动流动 ………… 065
　六、居住环境变动 ………………………………… 069

七、城市归属感提升策略 073

第三章　影响新生代农民工城市归属感变化轨迹的中观因素
　　一、社会关系网络 076
　　二、家庭结构的变迁 081
　　三、工作系统 090

第四章　影响新生代农民工城市归属感变化轨迹的宏观因素
　　一、城乡二元户籍制度 098
　　二、全球化的影响：职业地位的被动流动 103
　　三、经济波动 106
　　四、发展机会结构与个人的转化能力 109
　　五、其他城市要素：人口、环境、人文、治安、交通和工作区位
　　　............ 112

第五章　新生代农民工城市归属感及变化对个人产生的影响
　　一、对生活习惯的影响 116
　　二、对城市社会融合的影响 117
　　三、对离城的影响 122

第六章　总结与反思
　　一、总结与反思 125
　　二、本研究的不足与遗憾 132
　　三、进一步研究可能的改进之处 134

附　　录 136

参考文献 141

导 论

随着城乡户籍制度改革的不断推进,长期困扰农民工融入城市的制度问题得以解决,但是,农民工是否在心理上融入城市,以及在融入城市的过程中经历了怎样的心路历程,对于这一问题尚待研究。在学术界,农民工在心理上融入城市有一个专业术语——城市归属感。本研究从融入城市的心理变化过程角度出发,以北京地区新生代农民工为例,通过访谈法研究我国新生代农民工城市归属感的动态变化过程与机制,描述我国新生代农民工城市归属感变化轨迹的诸种形态,探讨影响新生代农民工城市归属感变化的微观因素、中观因素与宏观因素及其对个人产生的影响。

一、问题的提出

改革开放以来,随着我国经济发展与社会转型,农民工成为一种社会存在,并将在未来一段时期内长期存在。农民工尤其是离乡进城的农民工,为我国城市建设和经济增长作出了不可磨灭的贡献。20世纪90年代中后期以来,进城农民工出现更新换代的发展趋势,80年代进城打工的第一代农民工逐渐被"80后"和"90后"等新生代农民工所替代。根据国家统计局发布的《2016年农民工监测调查报告》显示,1980年及以后出生的新生代农民工占我国农民工总数的49.7%。随着年龄的增长,第一代农民工逐渐退出城市劳动力市场,新生代农民工不断进入城市劳动力市场,新生代农民工在农民工群体中的比重不断提高。

与第一代农民工进城仅仅是为了讨生存的目的不同,新生代农民工进城不仅是为了生存,更希望能被城市接纳,成为城里人。但是在城乡二元户籍体制下,在改革开放前30年,新生代农民工的城市化愿望很难实现,他们在就业、居住、社会交往、子女教育、医疗保险、社会舆论和市民待遇等方面,遇到了重重困难,面临着"半城市化"的困境(王春光,2006),难以融入城市。这一问题受到社会各界的广泛关注与讨论,2010年中央一号文件明确提出,要"采取有针对性的措施,着力解决新生代农民工问题"。2014年7月24日,国务院出台《关于进一步推进户籍制度改革的意见》,提出建立城乡统一的户口登记制度和居住证制度,健全人口信息管理制度,使新生代农民工融入城市的制度障碍得以清除。

新生代农民工的城市融入分为在日常生活与社会制度层面同城市的融入和在认知与心理层面同城市的融入两个层次[1]。前一种融入称作城市社会融合,后一种融入称作城市归属感[2]。随着我国户籍制度的改革,新生代农民工城市社会融合的制度问题得以解决,但是新生代农民工在心理上融入城市的体制机制问题仍然存在,这成为社会重点关注和需要加以研究的社会问题。新生代农民

---

[1] 与本研究城市社会融合分类法相类似的,是Myers(1999)将社会融合分为结构性社会融合和社会心理或情感融合。

[2] 城市归属感包含城市认同的含义,当前国内学界对新生代农民工城市归属感的很多研究文章以新生代农民工城市认同研究为主。

工的城市归属感即是其在城市生活和工作的一种心理需求,也是一种心理状态,其强度反映了新生代农民工在城市的社会融合水平,是测量其城市社会融合的一个有效的心理指标。因此,研究新生代农民工城市归属感成为当前国内学术界的一个热点。

事实上,人的心理是一个不断变化的过程。新生代农民工的城市归属感也会随着新生代农民工在城市中生存境遇的变化而不断变化。而关于这一方面的研究较为匮乏。目前,学术界主要从理论分析和实证研究等层面,对新生代农民工的城市归属感问题进行现状描述和原因分析,并在此基础上提出对策建议,尚缺乏从变化过程视角对新生代农民工城市归属感问题进行深入的探讨,所以,对新生代农民工城市归属感的变化过程进行描述和分析,是学术界进一步研究新生代农民工城市融合问题和城市归属感问题的方向之一,具有一定的学术价值和现实意义。

本研究主要探讨以下问题:新生代农民工对其所居住城市的归属感是如何产生的?新生代农民工城市归属感具有怎样的变化轨迹,是从无到有、从低到高,还是从有到无、从高到低,抑或其他变化模式?导致新生代农民工城市归属感变化的主要因素有哪些?这些因素如何影响农民工城市归属感?新生代农民工城市归属感及其变化对其产生何种影响?

二、关于新生代农民工城市归属感的相关研究

农民工是我国在改革开放社会转型阶段农村农业人口向城市转移过程中出现的一个仍保留农村户籍但在城市工作生活的特有群体。西方国家在工业化和城市化过程中,虽然没有出现农民工群体,但是也存在类似农村农业迁移人口城市融合的问题,因此西方学界也有大量的相关研究文献。农民工问题也一直是我国学界研究的重点问题,特别是随着研究的深入,从关注农民工的城市就业、工资待遇等,到关注农民工的社会制度保障等城市社会制度融合问题,再到关注农民工的城市认同、城市归属感等城市心理融合问题,积累了大量文献。因而,在开展本研究之前,有必要对以往关于农民工城市社会心理融合的研究成果进行一下梳理。

(一)西方关于城市归属感的研究

西方学者最初研究的是原住民及移民的社区归属感,后来将有关社区归属感的研究成果逐渐扩展到城市归属感或地区归属感的研究之中。因此,西方学者从社区的层次对城市归属感进行研究的文献相当多。

19世纪末,德国社会学家滕尼斯在其专著《共同体与社会》中写道:"人类社会随着城市化和工业化及人口规模与密度的增大,由基于社区归属感的'共同体'转变为基于机械团结的'社会'。"这为后来社区归属感的"线性发展模型"(Kasarda and Janowitz,1974)研究奠定了思想基础,从此社区归属感成为社区研究的重要话题。20世纪前20年,Park和MacIver分别提出了"社区兴趣"和"社区情感"等概念,对社区归属感进行了描述和意义分析(李雨适,1995)。20世纪20—60年代,芝加哥学派成为研究社区归属感的重要阵地,并在社区归属感成因分析中形成了两种不同的观点。第一种观点的代表人物有Park(1921)、Burgess(1921)、Thomas(1967),他们认为地方社区并不是"剩余物"(Residue),而是一个具有生命周期、制度与规范等特征的"社会构造"(Social Construction),这个社会构造影响着社区归属感。另一种观点受滕尼斯的影响,其代表人物是Louis Wirth(1938),他认为人口规模与居住密度的增大,以及居民和群体生活的异质性,导致次要群体替代首属群体、亲属纽带的弱化和地方社区意义的下降,从而对城市归属感造成负面影响。随后一些学者对此观点进行了论证(Morris,1968;Fisher,1972)。

Kasarda 和 Janowitz(1974)在论文《大众社会中的社区归属感》中对社区归属感进行了测量,并用统计数据检验了大众社会中社区归属感的两个经典理论模型:起源于 Wirth 的"线性发展模型"(The Linear Development Model)和 Park、Burgess 与 Thomas 的 "系统模型"(The Systematic Model)。在线性发展模型中,社区人口规模与社区人口密度是影响社区居民与移民社区归属感的核心变量,前两者与后者的关系属于负相关关系。而系统模型则将社区视为由朋友关系、亲戚关系及其他各种社会联结纽带构成的一个复杂系统,流动人口在这个复杂系统中被同化进而获得归属感。其中,居住时间是影响移民社区归属感的最重要的外在因素,并且二者属于正相关关系;亲友及其他社区纽带等构成的社会关系网络,则是影响移民社区归属感的一个最主要的中介变量。此外,社会地位和生命阶段也是影响移民社区归属感的两个因素。Kasarda 和 Janowitz 所做的回归分析结果支持了系统模型,居住时间是影响社区归属感的最重要的因素,而线性发展模型则没有得到验证。此后,一些学者开始用各种调查数据对社区归属感这两个模型进行不断的检验,以至于形成了两个相互竞争的理论派别(Buttel, Osca and Wilkening,1979;Goudy,1982;Wasserman,1982;Sampson,1988)。

此外,还有学者从社区自然环境的复杂性和后果角度出发,对社区归属感进行了分析(Brehm,2007)。在测量指标分类中,Brown(2000)等人将"社区满意"和"社区团结"归纳为社区归属的两个方面。

(二)国内关于农民工城市归属感的研究

目前,我国农民工城市心理融合研究主要集中于农民工城市归属感研究和农民工城市身份认同研究,而城市身份认同属于城市归属感的一个构成要素——认知/归类。国内学界研究最早、最多的也是农民工的城市身份认同研究。

农民工城市身份认同研究成果主要集中在以下几个方面:第一,调查发现农民工的城市身份认同度低。比如有学者以农村人还是城市人为指标对农民工的身份认同做了统计调查,结果发现,大部分农民工认为自己是农村人,有相当一部分农民工表示说不清(项飚,1998;朱力,2002;朱考金,2003)。第二,从宏观和微观两个层面探讨农民工城市身份认同度低的原因。宏观层面,户籍制度和城乡二元结构是导致农民工陷入身份认同危机或者城市身份认同度低的主要原因(孙立平,2003;甘满堂,2001;陈映芳,2005)。微观层面,从农民工个体因素分析,阶层认知范畴感知的收入与感知的城市社会歧视等因素影响农民工的身份意识(王毅杰、高燕,2004);群体社会记忆范畴的务农经历与外出经历等因素导致新老两代农民工身份认同产生差异(王春光,2001;方志,2007);性别、文化程度、收入、婚姻状况和行业人口学特征(张璐、黄溪、惠源,2009),以及乡土记忆、进城期望和城市体验等也会影响农民工的城市身份认同(彭元春,2005)。在实践中,宏观、微观两个层面的因素共同决定了农民工的城市身份认同。如从理论角度分析,制度政策、社会网络和人力资本等限制或塑造了农民工这一移民群体(文军,2005),实证研究也发现,城乡二元户籍制度、社交藩篱、部分市民偏见和农民工自身素质低等因素造成农民工难以对城市文化产生认同(刘本锋,2007;李艳、孔德永,2008)。第三,农民工身份认同度低产生了一定的后果。如由城乡二元结构与制度造成的农民工身份认同困境,导致农民工消费方式的二元性(孟慧,2006)。

从概念及其测量角度看,农民工城市身份认同主要指农民工对自己是否拥有城市身份的认知、判断与归类,属于农民工城市归属感的认知层次部分,无法反映对城市的喜欢和依恋等更深层次的城市归属情感,因此,城市身份认同研究无法完全代替城市归属感的研究。随着研究的深入及户籍制度的改革,农民工城市归属感尤其是新生代农民工城市归属越发受到学术界的关注。

我国农民工仍处于缺乏城市归属感的状况(史溪源,2011)。与导致农民工身份认同度低的原因相似,学者们认为农民工城市归属感缺乏的原因涉及宏观、中观和微观三个层次的因素。宏观层面,2014年国家实行户籍制度改革之前,基于户籍制度的城乡二元结构及其衍生的农民工城市劳动就业和社会保障制度的不足、城乡居民对待农民工的态度(如社会歧视)等制度与结构因素是导致农民工城市归属感缺乏的主要宏观因素(米庆成,2004;郭聪慧,2008;姚静圆,2010;史溪源,2011;李萌,2013)。随着我国户籍制度改革和农民工市民化政策的不断完善,有学者研究发现,江苏农民工对市民化政策比较满意,市民化政策满意度对农民工的城市归属感有一定影响(曹力滢,2016)。中观层面,非正规部门和次级劳动力市场就业、城市社会网络/社会资本的缺乏等导致农民工难以对城市产生归属感(史溪源,2011;李萌,2013),如果城市社会关系网络较为完善,比如与家人在同一个城市居住,可以增强农民工的城市归属感(冯婧,2016)。微观层面,实证研究发现,年龄、受教育程度、打工时间、工资收入、家庭教育、居住条件、劳动者权益是否得到保障等微观因素也会显著影响农民工的城市归属感(才国伟、张学志,2011;冯婧,2016)。农民工的城市归属感可以对农民工产生多方面的影响。目前,学术界关注最多的是农民工城市归属感对其城市定居决策及城市购房意愿的影响。农民工城市归属感是影响其城市定居决策的关键因素(才国伟、张学志,2011)。经实证分析,年轻一代农民工比老一代农民工城市归属感更加强烈,在城市购房意愿也更加强烈(黄侦、王承璐,2017)。因此,提升农民工城市归属感可以帮助城市留住农民工,甚至增加农民工的城市消费意愿,这对城市发展非常重要。增强或培育农民工的城市归属感,可从宏观、中观和微观三个层面解决。宏观社会制度层面,要消除歧视农民工的思想观念,打破旧有的城乡二元结构体制,确立有利于农民工融入城市的新政策、新举措;中观层面,保证农民工拥有较稳定的工作是增强城市归属感的关键;微观层面,农民工要做到自信、自律、自强,提高自身素质(李云飞、吴胜锋,2009;高燕、梁超,2014)。

通过上述文献梳理,笔者发现国外与国内学界对移民社区归属感/农民工城市归属感进行了大量丰富的研究,特别是对影响移民社区归属感/农民工城市归属感因素的探讨,是大部分文献研究的重点。以往国内研究存在明显不足的地方是,忽视了农民工城市归属感是一个变化的心理过程,缺少对城市归属感变化过程的纵向分析,对于新生代农民工城市归属感如何产生,是从无到有、从低到高,还是从有到无、从高到低等问题,无法给予解答。基于此,本研究以新生代农民工城市归属感变化轨迹为研究主题,以导致新生代农民工城市归属感产生变化的因素,或者新生代农民工城市归属变化动力学为研究重点。对于这个问题,本研究借鉴国外与国内学界的研究成果,将一些影响移民社区归属感/农民工城市归属感变化的因素作为解释因素,如宏观层面的城乡二元结构、户籍制度和城市环境因素等,中观层面的社会关系网络等因素,微观层面的经济地位和居住时间因素等。同时加入一些新的解释,如在宏观层面引入全球系统和经济波动等非户籍因素,在中观层面引入工作系统与家庭结构变迁等因素,在微观层面加入个人的归属感提升策略。

三、研究思路与研究方法

以下将界定本研究的核心概念,明确理论观点和研究思路,介绍研究方法、访谈提纲的构成、访谈过程和样本的特征。

(一)核心概念的界定

1. 新生代农民工

中国社会科学院社会学研究所研究员王春光根据年代和农村流动人口群体的年龄,将20世纪80年代初次外出的农村流动人口算作第一代,而90年代初次外出的算作新生代(王春光,2001)。至2018年7月16日,在中国知网文献库中记录了多达7312篇关于新生代农民工研究的文献,而以"新生代农村流动人口"为篇名的文献仅有9篇,主要以王春光研究员的研究成果为主(罗霞、王春光,2003)。事实上,新生代农村流动人口和新生代农民工这两个词的内涵大致相同,都是指1980年及以后出生、90年代初次外出工作的农村流动人口这一社会群体。

为了便于交流,以下使用新生代农民工一词。笔者将新生代农民工界定为:1980年及以后出生,1990年以后初次外出从事非农业工作,且具有本科以下学历的农村流动人口。相应的,北京新生代农民工是指1980年及以后出生,出生与成长地及户籍地均不在北京,具有本科以下学历,1990年以后初次外出工作,在北京连续居住和工作超过6个月的农村流动人口。

2. 城市归属感

美国心理学家亚伯拉罕·马斯洛在其著作《动机与人格》中提出"归属感与爱"一词。归属感与爱处于马斯洛提出的人的五层次需求中的第三个层次,是指个体在其所属的群体中所产生的强烈的"我群体"感受(马斯洛,2007)。国内学者也主要围绕个体与群体间的心理关系来界定归属感。例如对社区归属感和社会归属感等概念的界定。社区归属感是指社区成员对本社区地域和人群集合体的喜爱、依恋及认同的心里感觉(丘海雄,1989:59);社会归属感是指社会成员对社会认同、满意和依恋程度的情感体验(李有发,2008:73),或个人在外在的客观环境作用下而产生的一种内在的主观意识,这种主观意识决定了个人对其所在群体的认同程度以及发生关联的密切程度,反过来影响个人在环境中的行为与感知(刘云光,2008:56)。城市既可以被当作一个大社区,也可以视为一个社会。对于城市归属感的界定,学者们也遵循社区归属感和社会归属感的界定。如有学者将城市归属感界定为个体对城市社会的一种情感亲和关系的内心体验;①农民工城市归属感被界定为进城务工的农村人口在实现由农村向城市非农产业转移后应当归属于城市社会的一种情感表达、心理认同和依恋程度（米庆成，2004：26）。

人类学家马林诺夫斯基在其开创的功能主义社会人类学中，着重强调了社会制度/文化结构是为了满足人的需求发展而来的（马林诺夫斯基，2002）。人的需求是在与他人的互动过程中产生的，尤其是在分工高度发达的现代社会，这就涉及社会学的另一个重要范畴——社会互动。城市归属感的产生与社会互动密不可分。在参考学界对城市归属感、社会归属感及社区归属感等相关概念界定的基础上，笔者将城市归属感界定为：城市系统中的社会成员在与该系统互动过程中，随着社会境遇的变化，因其需求获得某种程度的满足从而对该城市系统所产生的一种喜爱、认同、依恋等情感亲和关系的内心体验。在后面的访谈提纲设计中，城市归属感被具体表述为一个人所居住工作的城市是不是接受、欢迎、尊重、支持、帮助农民工，满足农民工的生活、感情、工作、社交和公民权益保障等各方面的需要，还表现在他们在这个城市有没有家的感觉，喜不喜欢这个城市，愿不愿意参与城市中的活动，想不想长期居住或定居在这个城市。

3. 城市归属感变化轨迹

城市归属感具有动态性，它是社会互动的结果。城市归属感不是一成不变的，而是处于动态的持续变化过程中。城市归属感变

---

① 此界定由北京大学社会系刘能教授提出。

化总会形成特定的轨迹。轨迹一词的英文名字是"Trajectory",在维基百科中的意思是在特定时间内,物体在空间中移动所通过的路径。轨迹概念像变迁概念一样,在社会学中获得充分的应用,是指在生命跨度以内诸如工作、自尊等的发展轨迹,它依据角色的先后次序而建立,并且反映了人在较长时间内的生命模式(李强、邓建伟、晓筝,1999:6)。

笔者将城市归属感变化轨迹界定为:在特定的社会环境中,社会成员城市归属感变化所经过的路径。主要描述在特定的时间和空间范围内,新生代农民工城市归属感变化的路径,总结变化路径的模式和探究其背后的影响因素。这些影响因素可能是偶然的,也可能是必然的;可能是个体层面的微观因素,也可能是社会关系网络与组织的因素;可能是独一的宏观的结构性力量,也可能是各个层面多个因素的综合作用。

(二)理论基础与研究思路

本课题以新生代农民工城市归属感为研究主题,建立在以下理论预设的基础之上：城市归属感具有主观性与客观性等特性。首先,主观性意味着城市社会成员对城市的一种内心情感的主观体验,这种情感体验是内在的,不是外在的、可直接观察到的,所以,它是一种主观存在,把握这种主观存在,需要马克斯·韦伯的投入理解的方法(韦伯,1999)。其次,城市归属感是城市社会成员的一种心理需求,这种心理需求是普遍存在的,而且它的产生与变化是社会成员与城市社会系统互动的结果,有其自身的、不以人的意志为转移的规律,因此,城市归属感又是城市社会成员所具有的一种客观性的主观存在,认识这种客观性的主观存在,同样需要埃米尔·迪尔凯姆的客观性的因果分析的方法(迪尔凯姆，1995)。

以上述理论预设为前提，笔者提出有关新生代农民工城市归属感的理论假设：新生代农民工城市归属感不是一成不变的，它随着新生代农民工在城市的不同社会境遇而变化，并形成特定的轨迹；社会境遇的变化是新生代农民工与社会环境相互作用的结果；城市归属感变化会产生特定的个人性及社会性影响。

根据上面的理论假设，本课题的研究思路是首先描述新生代农民工城市归属感变化轨迹，探索新生代城市归属感变化轨迹的类型/模式，然后分析引起新生代农民工城市归属感变化的微观、中观、宏观因素，接着探讨新生代农民工城市归属感及其变化产生的个体性、社会性影响。

(三)研究方法、过程与访谈样本基本情况介绍

1. 研究方法

本书主要使用半结构式深度访谈法收集资料，收集的资料主要包括访谈录音与整理的文字资料，以及量化的城市归属感计分数据。笔者对资料进行梳理与分析，试图以投入理解的方法去把握新生代农民工对其所在城市的归属感及其变化，进行客观的因果分析，以探究新生代农民工城市归属感及其变化的影响因素。

2. 访谈提纲的构成

根据研究需要，笔者将访谈提纲设计为两大部分：个人基本情况和城市归属感变化轨迹。第一部分涉及访谈对象的基本情况，希望通过了解访谈对象的背景，以便为之后进行的关于城市归属感变化轨迹的访谈和后续分析等工作提供基本信息。这部分一共包

括七个小部分：人口学特征、日常活动及消费与居住、流动情况、职业、社会关系与社会参与、市民权益，以及在京重大生命事件/难忘的事情。

第二部分访谈涉及新生代农民工的城市归属感变化轨迹。该部分通过结构安排，保证访谈对象获得对城市归属感概念的统一理解，按先后次序具体分为四个小部分：城市归属感概念理解的标准化，划分城市归属感的不同阶段，绘制城市归属感变化轨迹图，以及深入访谈各阶段城市归属感的变化情况。下面逐一对这四个小部分进行介绍。

第一小部分为"城市归属感概念理解的标准化"。为了使所有访谈对象对城市归属感有一个初步统一的了解，设计了以下四个步骤：

步骤1：访员询问受访者对城市归属感的了解程度。如您听说、阅读或想过城市归属感吗？您是如何理解城市归属感的？

步骤2：访员向受访者读一遍本研究对城市归属感的标准说明：城市归属感表现为一个人所居住工作的城市是不是接受、欢迎、尊重、支持、帮助他，满足他的生活、感情、工作、社交、发展和公民权益等各方面的需要，还表现在他在这个城市有没有家的感觉，喜不喜欢这个城市，愿不愿意参与城市中的活动，想不想长期居住在这个城市。

步骤3：受访者读一遍该标准说明（如有疑问，可随时向访员提出）。

步骤4：由受访者说出自己对城市归属感的理解，如受访者的理解与本研究概念界定不一致，访员需与受访者进行讨论并给以解释,直到受访者的理解与本研究的界定一致为止。

通过该部分的概念标准化说明,使那些之前没有了解过城市归属感概念的访谈对象,对城市归属感有了一个初步的理解,使那些之前对城市归属感理解有偏差或彼此有不同见解的受访者有了共识,为下一步的访谈工作奠定基础。

第二小部分为"划分城市归属感的不同阶段"。该部分以城市归属感概念理解的标准化为基础,将访谈对象在京期间城市归属感的不同阶段划分出来。划分的原则是,受访者根据自己在京所体验过的不同城市归属感强度状态,划分相应的时间段,并给每个时间段的城市归属感打分(0~100分,归属感越强,分数越高)。

第三小部分是"绘制城市归属感变化轨迹图"。该部分以前面两个部分中访谈对象对城市归属感的理解和阶段划分为基础,访员协助访谈对象画出城市归属感变化轨迹图,如图1所示。

第四小部分为"深入访谈城市归属感变化情况"。该部分是对访谈对象在每个阶段的城市归属感进行访谈,包括访谈对象对自己在每个阶段的城市归属感状态进行语言描述、形成原因分析、影响分析,以及对每个阶段城市归属感所做的反省和采取的应对策略等。

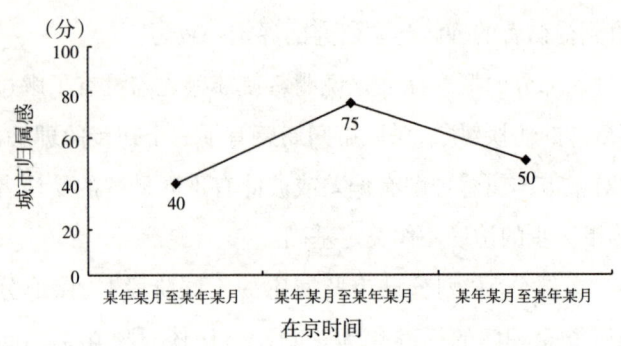

图 1　新生代农民工在京城市归属感变化轨迹

3. 研究过程①

访谈提纲的形成过程是"主题勾勒—试访谈—制定详细访谈提纲—访谈测试—完善访谈提纲—再访谈—再完善访谈提纲"这么一个循环往复的过程，直到形成一份符合研究主题和研究目的的较为完善的访谈提纲为止。

对于本研究访谈对象的招募，笔者采用了在老乡 QQ 群发访谈邀请、新生代农民工聚居区张贴访谈志愿者招募海报、朋友介绍、访员实地寻找及滚雪球等多种办法。其中后三种方法是本研究招募访谈对象的最主要且最有效的方法。在 20 个访谈样本中，5 个访谈个案由访员现场走访获得，8 个访谈个案属于朋友介绍，7 个访谈个案由滚雪球方式获得。

在本研究所采集的 20 个访谈个案数据中，16 个访谈个案有完整录音并全部整理为文字资料，1 个访谈个案有部分录音和完整文

---

① 本书是在作者硕士毕业论文基础上修改完成的，故资料收集、整理及分析等主要工作于 2010 年 9 月至 2011 年 6 月完成。

字资料,3个访谈个案只有完整文字资料①。笔者对20个个案进行了编号(如Case01代表编号为01的个案)。在整理完访谈资料后,笔者对20个访谈个案的城市归属感变化轨迹进行了分类,并将访谈资料按主题进行了编码分析。

4. 访谈样本基本情况

笔者通过对访谈资料处理后获得样本基本情况,包括访谈对象的性别、年龄、户籍、受教育程度、从事工作、就业方式、居住方式、婚恋状况、在京家人与亲戚情况、在京滞留时间、流动情况、搬家平均间隔时间和平均更换工作时间等,详细情况见下表及图2与图3。

可能由于访员的性别原因,在访员联系到的访谈对象中,男女比例失衡较为严重。在由20人组成的访谈样本中,男性数量较多,为15人,占75%,性别比为300,这意味着男性因素将更多地体现在对新生代农民工城市归属感变化轨迹的研究中。

虽然该样本在性别结构上不尽合理,但是其出生年份、年龄构成则是比较合理的。下表中关于出生年份的分组原则是始于1980年,以5年为一组,这样统计出的样本结构具有正态分布特征,一定程度上说明样本的年龄结构是合理的。样本中1982—1986年出生(25~29岁年龄组②)的人数为8人,占样本总数的40%,这与翟振武等学者对2006年北京市流动人口1%抽样调查数据分析结果中25~29岁年龄组流动人口占新生代流动人口45.6%③的比重相近。

---

① 缺少录音的文字资料由访员根据访谈现场记录凭记忆整理而成。
② 以2011年6月为年龄计算依据,下同。
③ 该数据是笔者根据《北京市流动人口的最新状况与分析》(翟振武、段成荣、毕秋灵,2007)中的数据重新计算而来的。

访谈样本基本信息表

类 别	特 征	频数（人）	有效百分比（%）
性 别	男 性	15	75
	女 性	5	25
出生年份	1980—1984	4	20
	1985—1989	11	55
	1990—1994	5	25
户 籍	河 北	11	55
	山 东	5	25
	河 南	1	5
	山 西	1	5
	湖 北	1	5
	黑龙江	1	5
受教育程度	初 中	13	65
	高中/中专/技校	6	30
	大 专	1	5
从事工作	销 售	8	40
	保 安	2	10
	美 发	1	5
	餐 饮	1	5
	物 流	1	5
	交通运输	1	5
	平面设计	2	10
	家电维修	1	5
	电器安装	2	10
	家庭主妇	1	5
就业方式	雇 员	13	65
	帮朋友忙	1	5
	自雇或其配偶	4	20
	雇主或其配偶/子女	2	10

续表

类别	特征	频数（人）	有效百分比（%）
居住方式	独居	4	20
	合居	4	20
	同居	4	20
	家庭居住	8	40
婚恋状况	未恋爱/失恋	6	30
	恋爱	4	20
	订婚	2	10
	已婚	8	40
在京家人和亲戚	完整扩大家庭和部分亲戚在京	1	5
	完整核心家庭和部分亲戚在京	7	35
	部分家人和亲戚在京	2	10
	完整扩大家庭在京	1	5
	完整核心家庭在京	1	5
	只有部分家人或亲戚在京	5	25
	无家人或亲戚在京	3	15

本研究样本的代表性得到以下数据的支持：本研究样本中25岁以下者占样本总数的70%，接近于在广东等东部沿海发达省份调查中25岁以下农民工占新生代农民工68.2%的比重（王春光，2010）。以上数据表明，本研究样本在年龄构成上对新生代农民工总体具有较好的代表性。

样本中户籍地的分布主要集中在河北、山东、山西、河南和黑龙江等北方省市，仅有1例为南方省份（湖北）。因此，本文数据及结论主要适用于探讨在京的北方新生代农民工城市归属感变化情况。同时，在样本中受教育程度方面，初中、技校/中专/高中、大专所占比重分别为65%、30%、5%。在2006年北京市流动人口1%抽样调查数据中，流动人口受教育程度中初中为50.2%，高中/中专为20.6%，大专及以上为5.8%（翟振武、段成荣、毕秋灵，2007），两组数据较为接近①。样本中受教育程度结构更与2008年有关研究机构对武汉市进城农民工调查中显示的初中57.1%、高中/中专/职高/技校②30.2%、大专及以上学历4.2%的新生代农民教育结构（刘传江，2010）相接近。因此，本研究样本在受教育程度方面，对新生代农民工总体也具有较高代表性。

20个访谈样本中从事的行业类型涉及商品销售、物流仓储、交通运输、生活服务（保安、美发、餐饮、平面设计、家电维修、电器安装等）第三产业，同时部分访谈对象在京期间也有过在工厂、建筑工地等第二产业工作的经历。据抽样调查，2006年北京市从事商业服务业、生产运输设备操作的专业技术人员占流动人口的90.5%。因此，本研究样本中所从事的行业结构能够较好反映总体情况。虽然缺乏新生代农民工就业方式结构的有关统计数据，但是，根据经验可以推断，样本中新生代农民工就业方式结构③与总体中的就业方式结构较为接近。在新生代农民工独居、合居、同居和家庭居住等最常见的居住方式中，访谈样本均有一定的案例，且比重最高的

---

① 如果排除统计对象与口径差异，相信二者数据会更加接近，因为流动人口中包括了1980年之前的人口，这部分人受教育程度更低，小学与初中学历者更多，同时样本统计口径更宽，所以样本中比例更高，如样本以高中/中专/技校为统计口径，而1%抽样调查数据中则以高中/中专为统计口径。

② 此项是由笔者对原文中高中与中专/职高/技校数据相加算出的。

③ 样本中新生代农民工就业方式结构：雇员比重为65%，自雇或其配偶比重为20%，雇主或其配偶/子女比重为10%。

是家庭居住,占40%。这与流动人口中已婚者比例最高且夫妻二人同时在京比例较高的调查结论(翟振武、段成荣、毕秋灵,2007)相一致。在所有的访谈对象中,未谈恋爱者占30%,谈恋爱者或者订婚者占30%,已婚者占40%,这也符合流动人口中已婚者比例最高(翟振武、段成荣、毕秋灵,2007)的调查结论。对于在京的家人和亲戚情况等,如在完整扩大家庭和部分亲戚在京、完整核心家庭和部分亲戚在京、部分家人和亲戚在京、完整扩大家庭在京、完整核心家庭在京、只有部分家人或亲戚在京、无家人或亲戚在京等类别中都有访谈案例。

20个访谈对象在京居住的平均时间长度是4.07年,中位值是3.25年,最小值是1.00年,最大值为9.20年。样本中在京居住工作时间结构均有案例分布,在京居住工作时间结构比较合理。如图2所示,访谈对象平均每1.26年就搬一次家(标准差为0.602年),中位值是1.00年,居住时间最短的是0.50年,也就是说上一次搬家与这次搬家平均间隔时间仅为6个月,最长的是2.40年。

图3中,访谈对象平均每1.89年换一次工作(标准差为1.395年),中位值是1.60年,工作平均保有时间最短的是0.50年,最长的是5.75年。

图2与图3显示新生代农民工样本在居住和工作方面具有高度流动性,这与其他有关新生代农民工研究中发现的居住时间短期化和不稳定特征(郑志华,2011),以及工作经历的流动或漂泊(符平、唐有财,2009)特征相吻合。

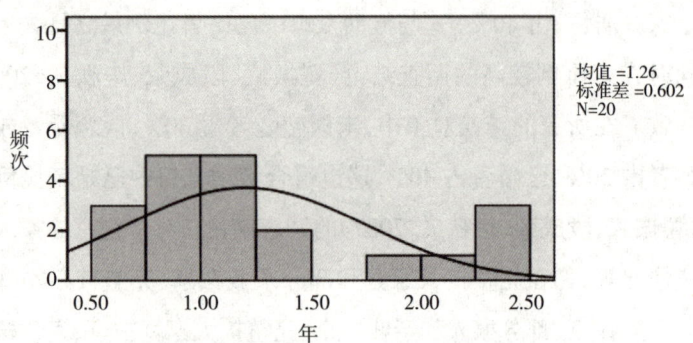

图 2　新生代农民工在京搬家平均间隔时间及频次

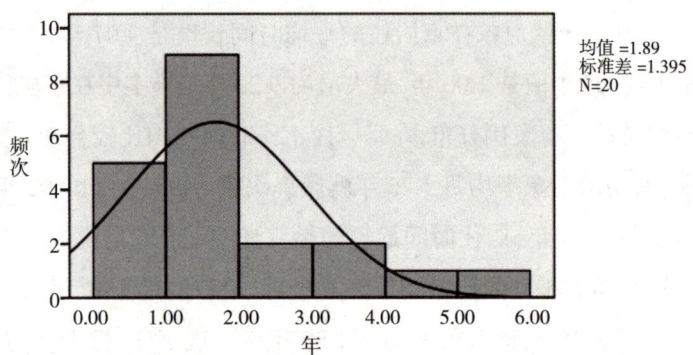

图 3　新生代农民工在京平均更换工作时间及频次

根据以上分析，除了在性别上偏于男性和户籍地偏于北方之外，本研究访谈样本在出生年份、年龄、受教育程度、从事工作、就业方式、居住方式、婚恋状况、在京家人与亲戚情况、在京居住工作时间、在京工作与居住流动性等方面，均比较符合新生代农民工的总体情况，具有较高代表性。

第一章　新生代农民工城市归属感变化轨迹的形态

本章的主要任务是对新生代农民工城市归属感变化轨迹进行分类和简述。

一、城市归属感变化轨迹的形态分类

根据城市归属感的变化方式,笔者将新生代农民工城市归属感变化轨迹的形态简化为四种理想类型:一字型、上升型、下降型和波动型。

一字型城市归属感变化轨迹,是指在某个城市居住工作期间,新生代农民工对所在城市的归属感强度一直没有变化,呈现一字型轨迹。

上升型城市归属感变化轨迹,是指在某个城市居住工作期间,新生代农民工对所在城市的归属感不断增强,呈现上升型轨迹形态。上升型城市归属感变化轨迹包括两个及以上变化阶段,每个阶段的城市归属感强度都比前一个阶段有所提高。

下降型城市归属感变化轨迹,是指在某个城市居住工作期间,新生代农民工对所在城市的归属感不断减弱,呈现下降型轨迹。

下降型城市归属感变化轨迹包括两个及以上变化阶段,每个阶段的城市归属感强度都比前一个阶段有所下降。

波动型城市归属感变化轨迹,是指在某个城市居住工作期间,新生代农民工对所在城市的归属感呈高低起伏变化,呈现波动型轨迹。波动型城市归属感变化轨迹包括三个及以上变化阶段,城市归属感既有上升阶段,也有下降阶段。

二、一字型城市归属感变化轨迹

图 1-1 展示的是一字型城市归属感变化轨迹的案例。

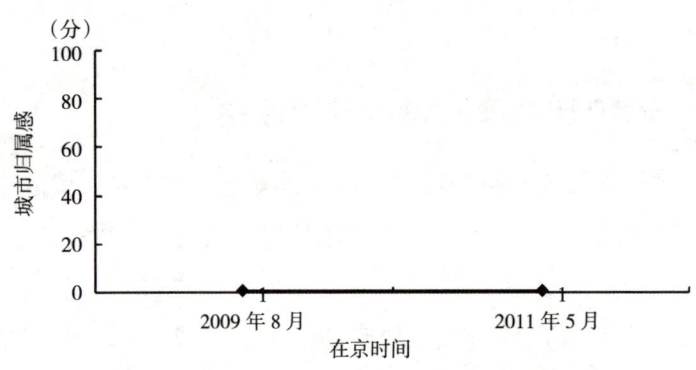

图 1-1 Case16 在京城市归属感变化轨迹

在这里一直都没有什么归属感,我想在一个地方时间久了,肯定会对它产生一定感情,舍不得的那种感情。打分的话,也就 1 分吧,1 分还是面子分。你想想,外来人在北京所有的问题都得自己去解决,每天面对高房租、高物价,工资又那么低,每天都得省吃俭用,到最后的时候,辛辛苦苦一年,到头还是月光族,还不一定能买自己想要的东西呢,但是我现在好一点,我是站在打工者的角度说

的。——Case 16:13①

上面这段话是 Case 16 的自述。接受访谈时,Case 16 已经在北京居住工作了 1.75 年,没有对北京产生"舍不得的那种感情",即使"现在好一点"了,也仍旧没有什么家的感觉。所以,Case 16 对北京一直没有产生归属感。

Case 16 在京小传

Case 16,男,1986 年出生,初中毕业,接受访谈时已在京工作 1.75 年。Case 16 曾在浙江工作过,2009 年 8 月到北京,初到北京时,Case 16 在建筑工地工作,对北京很陌生,2011 年 1 月开始独自经营一个家电维修小店。Case 16 吃住在店里,生活艰难,经济条件很差,认为北京物价高,尚没有谈恋爱。Case 16 的家人和亲戚均不在北京,而且在京没有坦诚相待的朋友,感觉自己比较孤独。

三、上升型城市归属感变化轨迹

在研究中上升型城市归属感变化轨迹主要包括两类:两阶段上升型与三阶段上升型。

具有两阶段上升型城市归属感变化轨迹的案例有 Case 06、Case 15 和 Case 20,如图 1-2、图 1-3、图 1-4 所示。

如图 1-2,Case 06 在刚来北京的前 7 个月城市归属感非常低,只有 20 分,表现为不怎么喜欢北京,在北京没有家的感觉,特别想回老家,并不怎么认同自己是北京的一员;到 2011 年 4 月,Case 06

---

① "Case xx:yy"表示引文出处为"案例编号为 xx 的第 yy 页",如"Case 16:13"表示该引文的出处为"案例编号为 16 的第 13 页"。

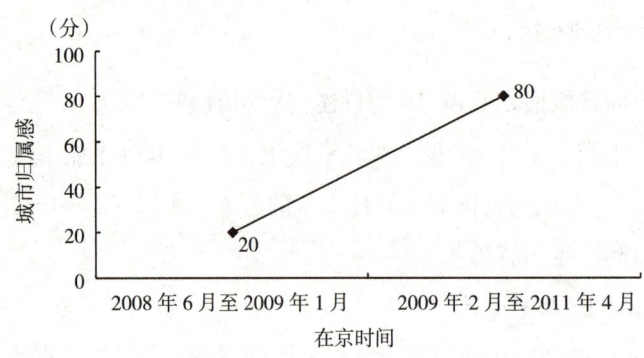

图 1-2　Case06 在京城市归属感变化轨迹

的城市归属感增长到 80 分,表现为非常喜欢北京,在北京有家的感觉,也很认同自己是北京的一份子(Case 06:11~13)。

Case 06 在京小传

Case 06,男,1989 年出生,初中毕业后来到北京打工,已在北京工作近 3 年。初到北京时,Case 06 在海淀区一家餐厅工作,感觉北京很陌生。2009 年 Case 06 到一家公司做电器安装工作,工资比在餐厅工作时增长很多,每月生活成本占工资收入的 50% 左右。Case 06 同女友住在一起,有当年底订婚打算。有一个姨在北京,还有十几个老乡和朋友。跟五六个老乡住在同一个社区,同当地人交往很少。

如图 1-3 所示,Case15 到北京的第一年城市归属感强度达到 50 分。在 20 个访谈个案中,Case15 对北京的初始喜欢程度算是比较高的,很想在北京长期生活和工作,但是没有家的感觉;之后三年多时间内城市归属感强度不断上升并升高到 75 分,非常喜欢北京,也非常想在北京长期生活和工作,在北京有一些家的感觉了(Case 15:12~14)。

第一章 新生代农民工城市归属感变化轨迹的形态

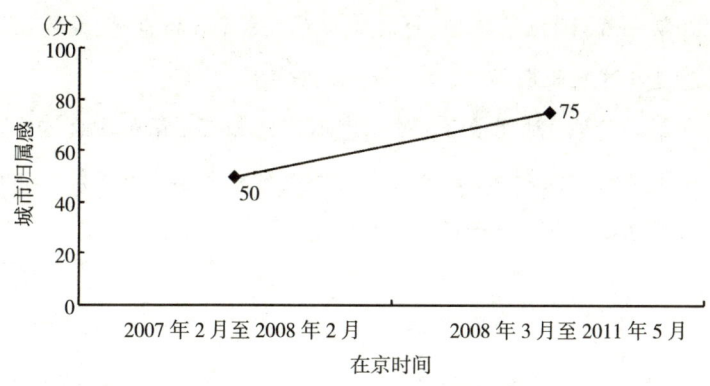

图1-3 Case15在京城市归属感变化轨迹

(2008年3月到2011年5月,我)还是和刚来时一样喜欢北京,想在这里长期工作,家的感觉比刚来的时候稍微强了一些。
——Case 15:14

Case 15 在京小传

Case 15,男,1983年出生,初中毕业,接受访谈时在京工作已超过4年。Case 15在多个城市工作过,到北京之初虽然感到陌生,但是比较喜欢北京的生活和工作,在北京一直从事理发工作,换过3家店,即将准备和朋友合伙开一家理发店。接受访谈时,Case 15未谈恋爱,但想尽快结婚;和同事一起住,经常和邻居一起聊天,在京有20多个好友,工作之外与北京人交往不多。认为外地人应该在北京享受到更好的待遇。

在图1-4中,Case 20在到北京的前十个月城市归属感强度只有20分,之后半年时间城市归属感上升到30分。总体来说,Case 20的城市归属感一直处于低水平缓慢上升状态。

（第一阶段）比较孤独，也挺无助的，没有家的感觉，没有融入感，想过在这里长期居住。——Case 20:10

（第二阶段）时间长了，对北京有点感情了，有点喜欢这个城市，比刚来的时候好点，别的没有。就是感觉在北京确实没有家的感觉，不像在老家。——Case 20:12

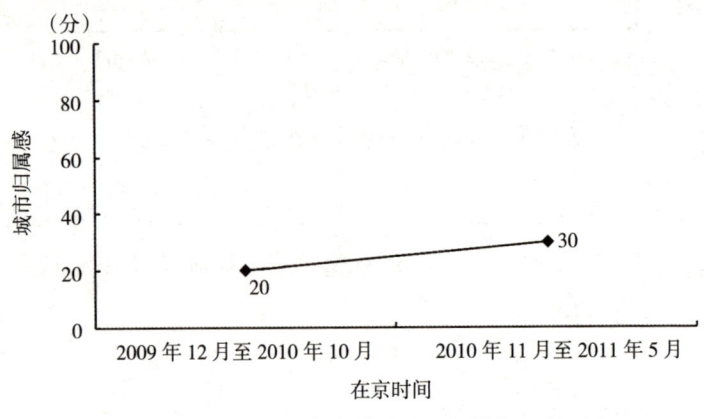

图1-4　Case20在京城市归属感变化轨迹

Case 20 在京小传

Case 20，男，1988年出生，初中毕业，接受访谈时到北京工作已1.5年。Case 20到北京前，将北京想得很美好，对在京工作充满希望。到北京后的第一份工作是机器维修，因为挣钱太少，4个月后跳槽做销售工作，感觉生活和工作压力很大，但是后来逐渐调整心态，努力提高个人能力，尽量让自己有所发展。每月工资1500左右，生活条件一般，月存款很少。Case 20已经结婚，但因夫妻两人工作地点相距太远，没有和妻子住在一起。有几个表哥和表姐在北京，在京的好友和老乡有10多个，当地朋友很少。

第一章 新生代农民工城市归属感变化轨迹的形态

具有三阶段上升型城市归属感变化轨迹的案例有 Case 03、Case 05、Case 11、Case 12 与 Case 18 等,如图 1-5、图 1-6、图 1-7、图 1-8、图 1-9 所示。

在图 1-5 中,2007—2008 年是 Case 03 到北京的第一个阶段,城市归属感强度只有 20 分;2009 年上半年是 Case 03 到北京的第二个阶段,城市归属感强度上升到 40 分;2009 年下半年至 2011 年是第三个阶段,城市归属感强度进一步上升到 80 分。

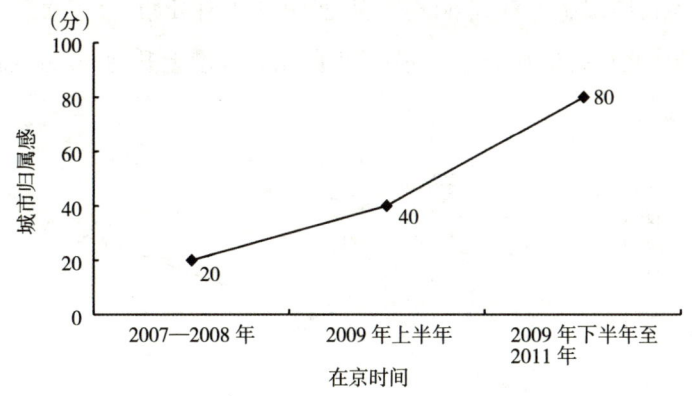

图 1-5　Case03 在京城市归属感变化轨迹

Case 03 在京小传

Case 03,男,1991 年出生,初中毕业后到北京工作,接受访谈时在京工作居住已近 4 年。Case 03 染着黄发,戴着项链,讲一口带有北京口音的普通话,俨然一个时髦的北京男孩。Case 03 从农村来到北京,2007—2008 年,Case 03 在一家印刷厂工作,感到北京很陌生,很不习惯,同北京人语言不通,与北京同龄人相比感到很自卑。2009 年上半年,Case 03 和父母一起承包一家公司的废纸回收业务,开始创业,中间遇到过一些挫折。2009年下半年,废纸回收工作步入正轨。接受访谈时,Case 03尚未谈恋爱。同住在一起的有父母、亲戚和一些同村的老乡,他们属于集体移民。工作中经常和北京人有交往,感觉北京人爽快、厚道。

如图1-6所示,Case 05在刚到北京的第一个阶段,不喜欢北京,也感觉不到家的温暖,城市归属感强度只有30分。在第二个阶段,开始比较喜欢北京这座城市,在北京感觉到了一些家的温暖,城市归属感上升到60分。从2010年1月开始,很喜欢北京,觉得在北京就像在老家一样,城市归属感强度上升到90分(Case 05:13)。

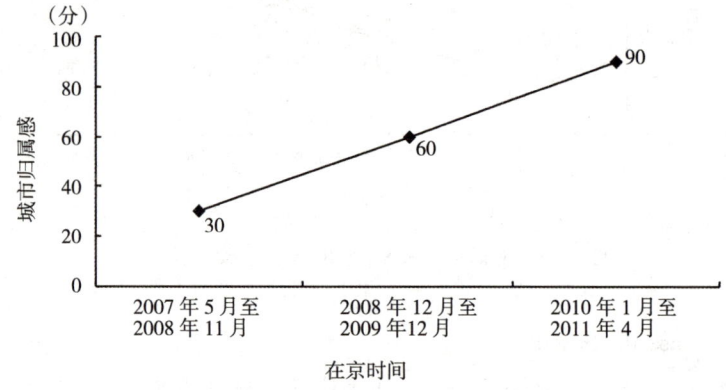

图1-6　Case05在京城市归属感变化轨迹

Case 05在京小传

Case 05,男,1989年出生,初中毕业后来北京工作,接受访谈时在京工作已近4年。2007年5月至2008年11月,Case 05在一家公司从事楼层穿线工作,由于年龄小且刚进入社会,感到北京很

第一章 新生代农民工城市归属感变化轨迹的形态

陌生,朋友很少,语言不通,工资低且经常拖欠,生活条件差,6个人住一间10多平方米的小屋子。2008年12月至2009年12月,Case 05换了另一家老乡占多数的公司,负责电器销售与安装,工作稳定,开始谈恋爱,认识了一些朋友,不再存在语言沟通问题,生活条件好了一些。2010年1月至2011年4月,Case 05晋升为业务经理,工资增加,生活条件好转,订了婚,认识的朋友和老乡更多,办事方便,但是觉得在北京没有什么发展前途,投资做小生意难。对北京人印象比较好,感觉当地人比较好相处。

Case 11刚来北京的第一个月城市归属感强度只有10分,不怎么喜欢北京,感觉不到家的温暖;2009年8月至2010年6月,开始有些喜欢北京,在北京感觉到了一些家的温暖,"在渐渐融入这个社会,融入这个团体,在往这方面靠拢",城市归属感强度上升到50分;从2010年7月到2011年4月,很喜欢北京这个城市,感觉这个城市更加接纳自己,其城市归属感上升到75分(Case 11:10~12)。

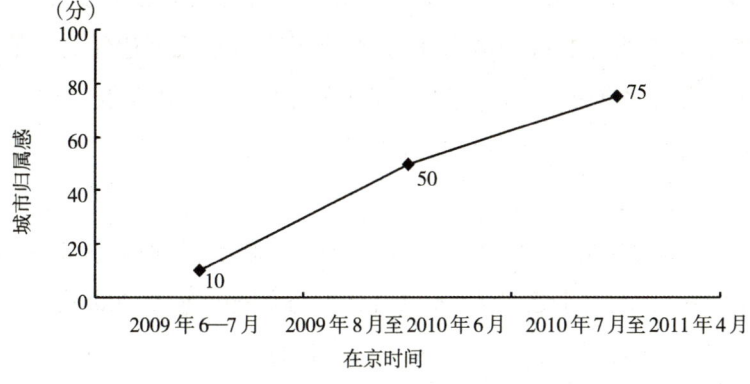

图1-7 Case11在京城市归属感变化轨迹

Case 11 在京小传

Case 11,男,1988年出生,技校机器维修专业毕业后到北京工作,接收访谈时在京工作已近两年。2009年6月—7月,Case 11在郊区一家工厂做机器维修工作,工资低,工作时间不自由,感到陌生,有些抵触情绪。2009年8月至2010年6月,为了提高工资收入,Case 11改为从事房地产销售工作,工作时间相对自由,收入增加,认识的朋友渐渐增多,开始参加一些社交活动,对北京渐渐熟悉起来。2010年9月至2011年5月,Case 11从事广告销售工作,主要和公司的老板或经理打交道,经常出入一些大公司,感觉自己也提升了一个层次,但是觉得在北京很难有发展,想回家发展。Case 11与女朋友住在一起,在北京有一个亲戚和八九个经常来往的老乡,缺少可靠的朋友。经常参加公司组织的活动。

如图1-8所示,2005年7月至2006年10月是Case 12到北京的第一个阶段,对北京有一定强度的初始归属感,达到50分的强度水平,喜欢北京,认为有些家的感觉。2006年12月至2007年6月,Case 12的城市归属感更加强烈,在北京家的感觉更浓烈。从2007年7月到2011年4月,Case 12城市归属感强度达到100分,非常喜欢北京,在北京有完全意义上的家的感觉,觉得自己是这个城市真正的一份子(Case 12:24~26)。

Case 12 在京小传

Case 12,男,1985年出生,初中毕业,接受访谈时已在京生活工作6年。到北京之前,Case 12在西安与东莞工作过。2005年经老家媒人介绍,Case 12认识了在京做生意的妻子,后与妻子一起来北京做服装生意。2006年年底Case 12结婚。2007年6月,Case 12

第一章 新生代农民工城市归属感变化轨迹的形态

有了孩子,8月买了私家车,接受访谈时其女儿已经进入一家私立幼儿园。与妻子在北京经营一家内衣店。家庭分工是:妻子负责看店,他主要负责照顾女儿。在北京的家人和亲戚还有妹妹、岳母、姑妈、妻子的妹夫,还有两个较好的哥们,与北京当地人交往很少。

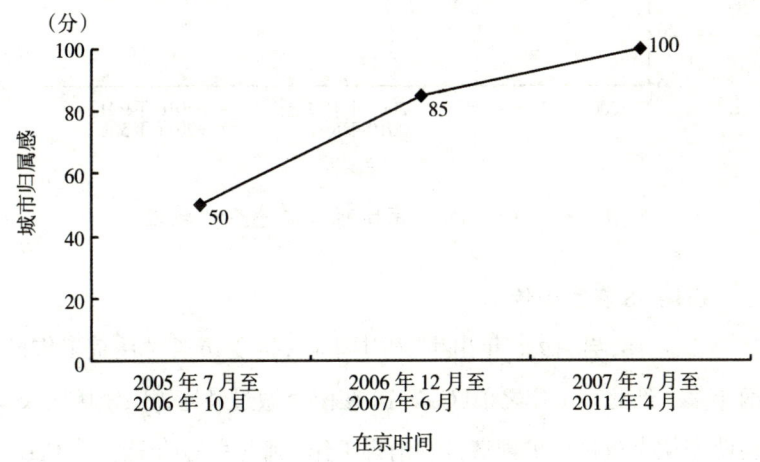

图1-8 Case12在京城市归属感变化轨迹

在图1-9中,与Case 12一样,Case 18在到北京的第一个阶段即有一定强度的城市归属感,非常喜欢北京,有些家的感觉。2009年10月至2010年8月,Case 18的城市归属感强度又增加了一些,更加熟悉和适应北京的生活。从2010年9月到2011年5月,Case 18的城市归属感强度上升到80分,有强烈的家的感觉,打算在北京长期生活(Case 18:10~12)。

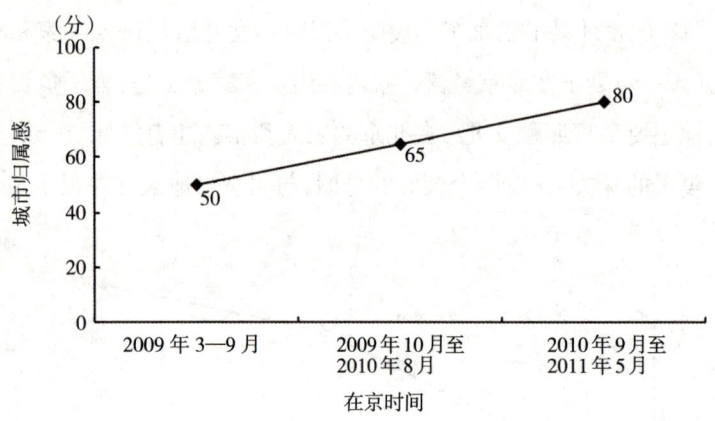

图 1-9　Case18 在京城市归属感变化轨迹

Case 18 在京小传

Case 18,男,1986 年出生,初中毕业,接受访谈时在京工作已两年多。到北京工作之前,Case 18 在南京做过某连锁眼镜店店长,在西安从事过进口护理液批发销售工作。到北京的前三个月,Case 18 在一家眼镜公司从事销售工作,与原来店长职位相比,心理落差很大,吃、住、行和玩等各方面都不太适应,几乎没有朋友。2009 年 10 月至 2010 年 8 月,Case 18 先后升任公司客户经理和代理商经理,工资大幅增长,接触大客户和老板较多,认识了一些朋友。Case 18 于 2010 年 9 月开始报班学习韩语,2011 年 4 月辞职,集中时间与精力提升韩语水平。接受访谈时,Case 18 未谈恋爱,在北京只有工作中认识的朋友,家人与亲戚均不在北京,与房东、邻居很少来往,加入老乡 QQ 群和眼镜行业 QQ 群。

第一章　新生代农民工城市归属感变化轨迹的形态

四、下降型城市归属感变化轨迹

Case 07、Case 09、Case 10 与 Case 14 城市归属感变化呈下降型,如图 1-10、图 1-11、图 1-12 与图 1-13 所示。

在图 1-10 中,到北京之初(2009 年 7 月—10 月),Case 07 觉得挺喜欢北京,想留在北京,想成为北京人,非常积极地交朋友、了解北京,寻找发展机会。但是后来 Case 07 对北京的喜欢程度大幅下降,对参与城市活动的兴趣越来越淡,很想马上离开北京(Case 07:24~30)。

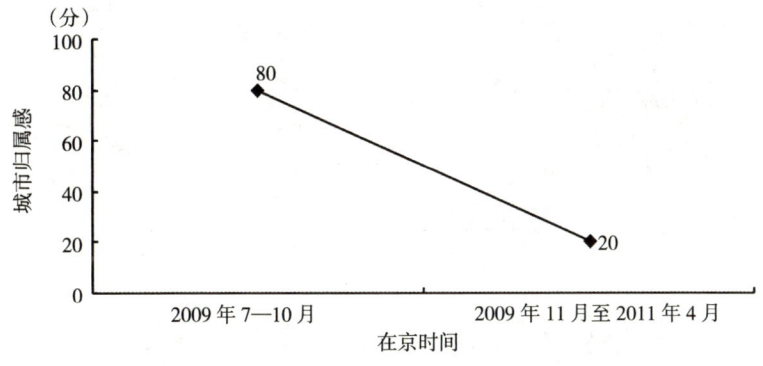

图 1-10　Case07 在京城市归属感变化轨迹

Case 07 在京小传

Case 07,男,1986 年出生,高中毕业,接受访谈时已在北京工作 1.75 年。到北京之前,Case 07 在老家做了 3 年机床工作,刚到北京时,感觉北京很繁华、很好玩儿,觉得在北京很有发展前途。后来在寻找一份有发展前途的工作的过程中遇到很大挫折,最终在海淀区某高校做保安,工作比较轻松。最近三个月,工作很忙,每天当班 12 个小时。Case 07 已谈恋爱,打算年底回老家结婚。接受访谈时,Case 07 只有表哥和表姐在北京,很多在京的朋友已经离开了北京。

在图 1-11 中,Case 09 在北京第一个阶段的城市归属感强度为 70 分,比较喜欢北京,想长期留在北京,感觉自己是北京的一份子,但是从去年年初到现在,城市归属感强度下降到 30 分,Case 09 开始不喜欢北京的生活与工作,不想在北京长期生活和工作,不再有先前那么强的北京成员感(Case 09:18)。

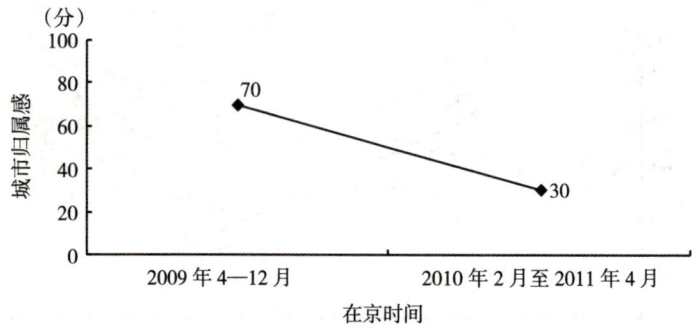

图 1-11　Case09 在京城市归属感变化轨迹

Case 09 在京小传

Case 09,女,1990 年出生,技校平面设计专业毕业,接受访谈时到北京工作已整两年。刚到北京时,Case 09 在一家小店从事平面设计工作,已经结婚,尚无孩子,和丈夫一起居住,父母在北京,还有 10 多个熟悉的老乡和同事等也在北京。刚到北京时,Case 09 对北京有较高的期望,感觉北京的自然环境与人文环境很好,后来,发现在北京生活成本很高,工作中经常与客户发生摩擦。

第一章 新生代农民工城市归属感变化轨迹的形态

在图 1-12 中,Case 10 在到北京第一个阶段的城市归属感强度是 50 分,喜欢北京,想在北京长期生活和工作,有一定的北京成员感。但是在 2008 年 7 月到 2011 年 4 月期间,其城市归属感强度只有 30 分,对北京的喜欢程度下降,不想在北京长期生活和工作,没有北京成员感(Case 10:17~18)。

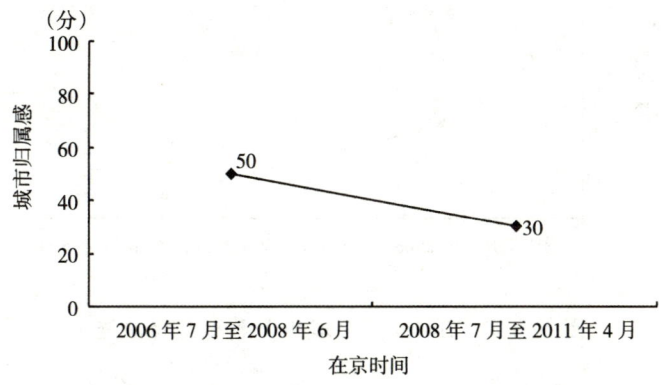

图 1-12　Case10 在京城市归属感变化轨迹

Case 10 在京小传

Case 10,女,1990 年出生,初中毕业,到北京工作已有 4 年零 9 个月。刚到北京时,Case 10 感觉北京很陌生,找工作不是特别顺利,最终在表哥和表妹的帮助下进入一家工厂工作,这份工作一直做到 2008 年 6 月。之后,Case 10 做网吧收银员一年,电子产品销售员一年,2011 年年初在一家小服装店做销售员。Case 10 感觉生活开支越来越大,但是工资却没怎么增长。2011 年 1 月份,Case 10 结婚,和丈夫一起居住,在北京还有 10 多个熟悉的老乡与同事,与房东关系较好,在当地朋友较少。

如图 1-13，2003 年 8 月至 2006 年 10 月，Case 14 比较喜欢北京，感觉自己是这个城市的一员，舍不得离开北京。从 2006 年 11 月到 2011 年 5 月，其城市归属感大幅下降，不再觉得自己是这个城市的一份子，不想在北京长期待下去了(Case 14:13~14)。

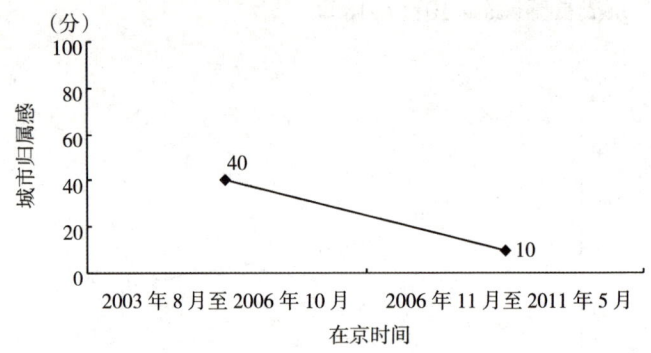

图 1-13　Case14 在京城市归属感变化轨迹

Case 14 在京小传

Case 14，男，1987 年出生，初中毕业后到北京工作，在京工作已近 8 年。2003 年 8 月至 2006 年 10 月，Case 14 在一家工厂上班，工资较高，吃住在工厂里，同事都是来自农村的，与同事相处较融洽。后来，Case 14 转做销售工作，工资很低，很多客户都是老板，心里感到很自卑。接受访谈时，Case 14 未谈恋爱，有七八个亲戚和四五个老乡在北京，和当地人交往不多。Case 14 感觉北京房价高、物价高。遭遇过被查暂住证问题。

五、波动型城市归属感变化轨迹

在本研究中，属于波动型城市归属感变化轨迹的案例有 Case

第一章 新生代农民工城市归属感变化轨迹的形态

01、Case 02、Case 04、Case 08、Case 13、Case 17 和 Case 19。

如图 1-14，在北京生活和工作的一年时间里，Case 01 对北京的城市归属感分为 5 个阶段，波动性极强。2010 年 3 月，Case 01 的城市归属感强度为 20 分；2010 年 4 月，其城市归属感强度上升至 50 分；2010 年 5—9 月，Case 01 的城市归属感强度增加到最大值 99.9 分；2010 年 10 月至 2011 年 2 月，其城市归属感急剧下降到 30 分；2011 年 3—4 月，又回升至 50 分。

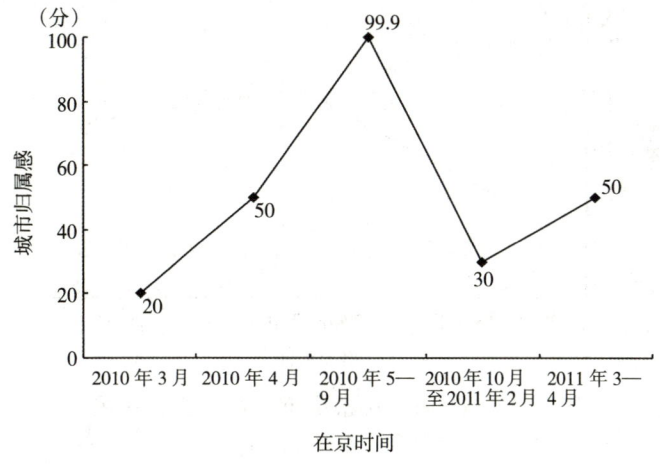

图 1-14 Case01 在京城市归属感变化轨迹

Case 01 在京小传

Case 01，男，1992 年出生，初中毕业。2010 年 3 月，Case 01 由表哥介绍到北京某高校做厨师，和同事住在一起；一个月后，闪电恋爱并闪电分手。2010 年 5—9 月，Case 01 再次恋爱，后因女方父母反对而分手。2010 年 10 月至 2011 年 2 月，Case 01 和女友分手后,心情低落,又因春节来临,更加想念家乡。2011年3月之后,春节返京后,Case 01心态调整得比较好。在北京有父亲、表哥和30多个同乡,与当地人交往不多。

由图1-15可知,Case 02在北京的城市归属感分为三个阶段,三个阶段的强度分别是40分、80分和70分。其城市归属感从较低的水平上升到较高的水平,这种较高水平的归属感保持稳定状态,持续时间达4年之久,之后又稍微降低。

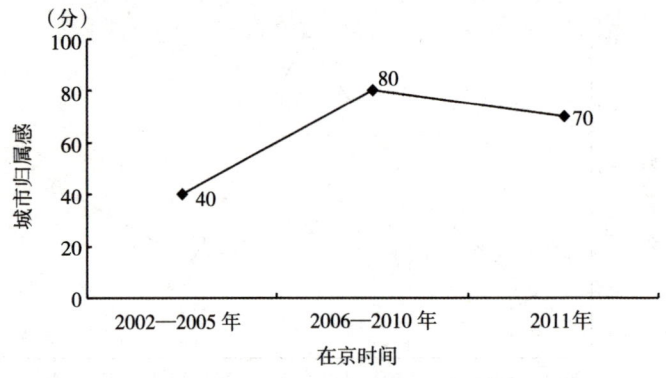

图1-15 Case02在京城市归属感变化轨迹

刚来北京时(2002—2005年),感觉北京和想象中的差距较大,常感到孤独和无助,不怎么有家的感觉。——Case 02:12

在这一阶段(2006—2010年),感觉对北京的归属感比较强,有家的感觉了,很少感到孤独和寂寞。——Case 02:12

这一阶段(2011年)比前一阶段差一些,感觉压力大了。——Case 02:13

第一章 新生代农民工城市归属感变化轨迹的形态

Case 02 在京小传

Case 02,男,1980年出生,在京工作9年。2002—2005年,Case 01住在大兴区郊区,感觉北京环境差且陌生,在公司中从事玻璃生产工作,由普通员工奋斗到工段长,后又转行到公司的物流岗并从头做起,于2005年结婚。第二阶段,Case 02已经熟悉了北京的环境,从老家介绍了两个亲戚来北京工作,认识的朋友也多了,2008年有了女儿,2010年升为公司驻北京办事处物流经理,同时在老家贷款买了楼房。2011年,Case 02面临工作、女儿教育、房租、房贷和参照群体等各方面的巨大压力。Case 02与公司签过劳动合同,享有五险一金。Case 02平时与房东和邻居交往较少,通过业务关系认识了10多个当地的朋友。

在图1-16中,Case 04的城市归属感经历了六个不同阶段的变化,每个阶段对北京的城市归属感强度各不相同,属于高度波动型城市归属感变化轨迹。下面是Case 04对自己各个阶段城市归属感状态的描述:

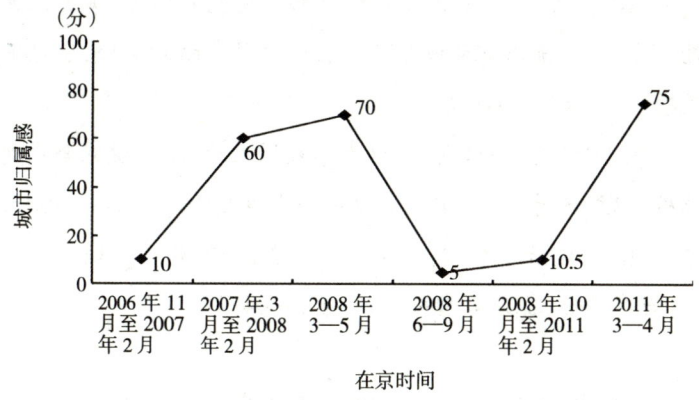

图1-16 Case04在京城市归属感变化轨迹

在木材厂的时候(2006年11月至2007年2月),感触特别深,在城乡接合部嘛,根本找不到家的感觉,北京这个地方怎么对你好,没有那种概念,根本就没有哈。——Case 04:26

在二热厂的时候(2007年3月至2008年2月),那时在市里工作嘛,西二环宣武区,应该说有归属感了……归属感方面不是那么强,只能说初步找到家的感觉了,属于初级化阶段。——Case 04:26~27

在北农大厂的时候(2008年3月至2011年2月,该阶段又具体分为三个小的阶段:2008年3—5月,2008年6—9月,2008年10月至2011年2月),可以说几乎没有找到家的感觉,为啥呢?每天工作10多个小时,加班到晚上十一二点,根本就没人管没人问,整个系统没人管没人问。有点归属感,不能说没有一点儿归属感,也就10%吧。——Case 04:27

变化挺大的。在北农大厂的时候(2008年3—5月)比在二热厂的时候城市归属感要强,工资确实上来了;后期(2008年6—9月与2008年10月至2011年2月)粉尘太大,环境太恶劣,工资低也是另外一方面,厂里工作环境导致心理出现了负面影响哈,感觉不到归属感。——Case 04:34

现在(2011年3—4月)来到大学校园里边,不能说完全找到了归属感,但总体感觉还可以。在这书香大院里哈,外地学生也好,本地学生也好,说话方面,起码尊重你了哈,并不是整个城市都一样哈,有好有赖哈,都分角落的。——Case 04:27

上面的材料说明,Case 04对北京的归属感随着其工作的变

第一章 新生代农民工城市归属感变化轨迹的形态

动而在短时间内出现由低到高、由高到低,再由低到高的反复变化过程。

Case 04 在京小传

Case 04,男,1988年出生,初中毕业。2006年11月,Case 04到北京城乡接合部的一家木材厂工作。2007年2月,因工作条件太差Case 04从木材厂辞职到一国有企业从事锅炉检修工作,在国企受到同事的关怀。2008年3月,为了追求更高的工资,Case 04从国企辞职到一家集体企业做饲料生产工人,收入增加,心理比较满足。2008年6月,Case 04发现饲料生产工作环境很差,对人体伤害很大,情绪低落。2008年10月之后,Case 04调整了心态,心情好一些并继续工作。2011年3月,Case 04终因工作环境对身体伤害太大而辞职,并到某高校做保安。在个人工作经历中,Case 04的主要目的都是为了赚更多的钱,但是,最近转变了观念,认为不止工资重要,工作环境也很重要。接受访谈时,Case 04月收入1500元,没有女朋友,家人和亲戚均不在北京,在京有20多个较好的朋友和同学,与当地人有过深入的交往。

图1-17是Case 08从2009年5月到2011年4月在北京的城市归属感变化轨迹图。在北京生活与工作的近两年时间里,Case 08的城市归属感强度先降后升,但最近阶段的城市归属感仍没有第一阶段强。

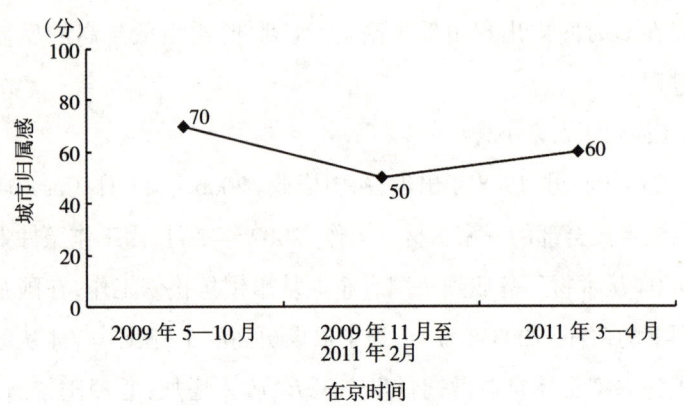

图1-17 Case08在京城市归属感变化轨迹

Case 08 在京小传

Case 08,女,1990年出生,技校平面设计专业毕业,到北京工作2年。到北京前,Case 08 在天津做平面设计工作,工作很累,工资低,没有朋友。刚到北京时,Case 08 先玩了两个月,后来从事VC卡批发工作,比较轻松。之后,Case 08 又换了份平面设计工作,工作初期压力比较大,随着工作业务熟练,工作压力减小,搬了新家,居住条件改善,其对北京的感觉比以前好些。Case 08 觉得北京交通便利,但物价过高,空气不好。接受访谈时,Case 08 已经订婚,和未婚夫住在一起。在北京的亲戚和老乡较多,与当地人来往较少。

由图1-18可知,Case 13在北京经历了四个不同的城市归属感强度阶段,强度分别为40分、60分、85分和70分。

Case 13对这四个阶段城市归属感做如下描述:

第一章 新生代农民工城市归属感变化轨迹的形态

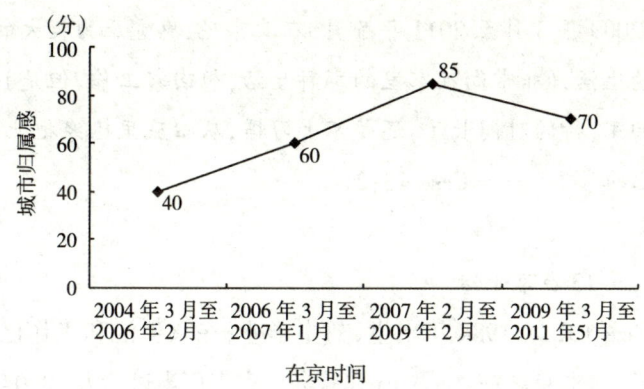

图 1-18 Case13 在京城市归属感变化轨迹

刚来的时候（2004年3月至2006年2月），对北京比较陌生嘛，不了解这个城市……所以谈不上喜欢。那个时候遇到挫折的时候，有很多想法，压根没把北京当作自己的家。怎么说呢，就像一个客栈吧，一个落脚的地儿吧，遇到挫折的时候，会有回老家的心理，就是离开北京这个城市的想法。——Case 13:21~22

那个时候（2006年3月至2007年1月）是在慢慢地熟悉过程中，慢慢地对北京有点好感了，毕竟有点上进心，不是一干不成就回老家，2006年之后已经没有那种（离开北京的）想法了。——Case 13:22

（2007年2月至2009年2月）嗯，2008年有孩子了，就没想过回家的事儿，就老想在北京怎么给孩子提供一个好的环境，包括上学的环境与生活的环境，就想长期在这边居住。工作方面，那个时候一心想着既然已经成立了自己的公司，有自己的事业，就想把它做好，全力以赴地去做。——Case 13:23

（2009年3月至2011年5月）在北京呢，感觉压力挺大的，很沉重的生活，(非常向往家里的那种生活，想回家工作，但是)如果现在回家，待的时间长了，还是不太习惯，从心底里已经把北京当作自己的家了。——Case 13:21

Case 13 在京小传

Case 13，女，1984年出生，初中毕业，在京生活和工作已经7年多了。来北京之前，Case 13在青岛一家工厂当过工人。2004年3月初Case 13到北京，人生地不熟，无法自己一个人出去找工作。后来找到一份销售工作，工资太低，于是换了工作，到另一家公司做销售统计员，工资比之前高，但为了提升自己，改做销售工作。2006年年初，Case 13升为销售经理，与老板恋爱，当年底结婚。2007年2月至2009年2月，Case 13与老公的公司运转正常，其间有了孩子。2009年3月至2011年5月，Case 13与丈夫在公司管理中出现分歧，心情处于低谷期，在一家保险公司做销售以调整心态。Case 13与丈夫租住楼房，购买了商业保险。父母和几个亲戚在北京，有一半多朋友是当地人，对北京人印象很好，经常参加公司活动，现为入党积极分子。

如图1-19，Case 17在北京经历了城市归属感强度不同的三个阶段。

第一章 新生代农民工城市归属感变化轨迹的形态

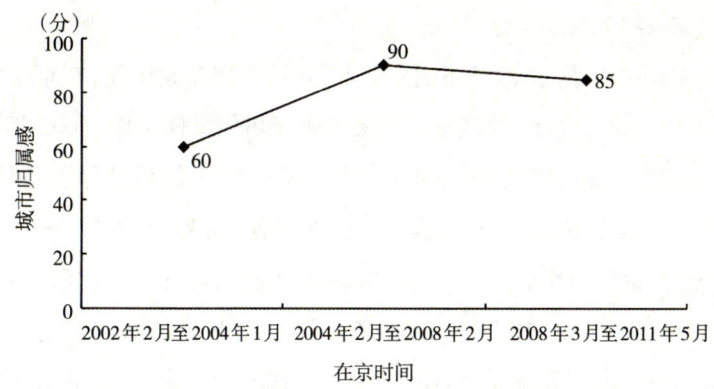

图1-19 Case17在京城市归属感变化轨迹

（2002年2月至2004年1月）总体上我感觉北京各方面都挺好的,很喜欢北京这个城市。刚来时,挺喜欢这个城市,有些家的感觉,想留在这儿。——Case 17:14

（2004年2月至2008年2月）自己有一种上升走的感觉,挣的钱也比较多一些,在北京各方面也比较熟了,比较融入北京了。我很喜欢这个城市,如果有人给我一个机会让我一直在这个城市生活下去,我肯定乐意在这儿生活下去。——Case 17:15~16

（2008年3月至2011年5月）我有时候感觉,好像没有前一段时间那么好,弱一些,不是太具体。就是奥运会那段时间吧,有时候感觉外地人跟北京人还是不一样,就是那种感觉比较强嘛。觉得自己在北京生活和工作了那么多年,甚至成了家,有了孩子,但自己始终都不是北京人,有一定的心理距离。——Case 17:16

Case 17 在京小传

Case 17,男,1982年出生,中专学历,机械专业毕业,在京生活与工作已超过9年。在老家县城做过一年机械维修工作。2002年初到北京时,Case 17感觉北京很繁华,第一份工作是餐厅服务员。2003年Case 17到一家电脑配件公司工作,直到2011年,先后从事配送、销售与售后服务工作。2004年以来,Case 17工作越来越顺利。2005年Case 17谈恋爱,2006年年底结婚,2008年3月有了儿子,妻子在家照看孩子,Case 17一人工作养活一家三口,后来在同一家公司内转做电脑售后服务工作,感觉比较吃力,收入较低。接受访谈时,Case 17的儿子已经4岁,打算送孩子回老家读幼儿园,每月家庭生活开支占家庭收入比重超过80%。Case 17的哥哥和弟弟也在北京,在北京经常来往的朋友和老乡有十多个,平时经常和邻居(老乡)交流,与当地人来往不多。

图1-20是Case 19在北京的城市归属感变化轨迹图。

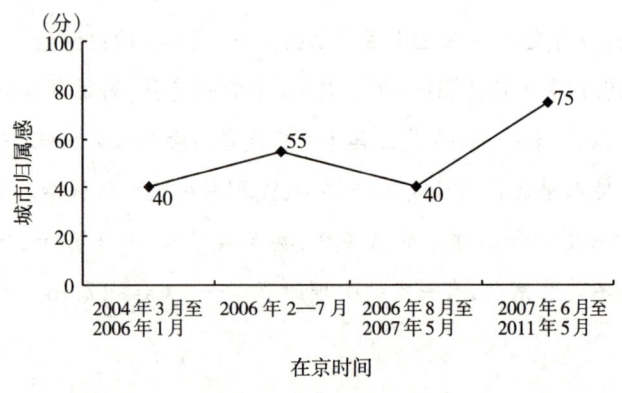

图1-20 Case19在京城市归属感变化轨迹

第一章　新生代农民工城市归属感变化轨迹的形态

下面是 Case 19 对自己城市归属感情况的描述:

第一个阶段(2004年3月至2006年1月)很简单,完全没有把这儿当成家,就想把这儿当成一个过渡,毕竟年龄还小嘛,就想在这儿干几年,以后有可能回家。当时想法简单,有可能回家找个男朋友结婚,很简单。——Case 19:12

第二阶段(2006年2—7月)好一些了,慢慢地习惯这里的环境了,也喜欢这个城市了,也有一些朋友了,出去也能和别人交流,出去购物、逛街也都好一些了。当时是单位给租的房子嘛,就完全把那儿当成了家。平时也就两点一线,下了班就回那儿,周末休息出去逛街。想过在这边长期待下去工作,但是不确定能不能长期待下去。——Case 19:14

当时(2006年8月至2007年5月)注册公司嘛,不懂,不知道去问谁,周围的朋友同事都是打工的,都不懂。想过放弃,哎哟,这是干吗呀!何必呢?轻轻松松上班或者回家,压力也没有这么大。——Case 19:15

(2007年6月至2011年5月)在这个城市家的感觉强一些了,也感觉习惯了,更喜欢这里了,在这里长期生活、工作的意愿更高了。——Case 19:15

Case 19 在京小传

Case 19,女,1986年出生,初中毕业,在京生活和工作已经7年多了。来北京之前,Case 19 在大连工作过。初到北京时,Case 19 住在大兴区城乡接合部,感觉北京很土,经历了一番周折后,最终由中介介绍了份电话销售工作,工作前两年,感觉压力很大。2006年上半年,Case 19 成为销售主管,此时已经习惯了北京的环境,其男朋友也在北京工作。2006 年 8 月至 2007 年 5 月,Case 19 与男朋友一起创业,特别艰难,甚至想过放弃。2007 年 6 月之后,公司业务运转步入正轨,2009 年 Case 19 结婚,2010 年有了小孩。接受访谈时,Case 19 一家三口租住着两室一厅的楼房,生活状态较好,全家购买了商业保险。Case 19 在北京的亲戚有表哥和表姐,与房东关系融洽,经常同其他居民在小区花园内一起照看小孩儿与聊天,有五六个当地的朋友,加入了老乡 QQ 群与公司业务群。

本章对在京新生代农民工城市归属感变化轨迹诸形态做了简单描述。本章展示的新生代农民工城市归属变化轨迹,表明新生代农民工城市归属感并不是一成不变的,而是随着其在城市的时间长度、认知深度、生命历程和社会境遇的变化而形成阶段性的变化轨迹。尽管在新生代农民工进入城市社会的时间和条件等方面各不相同,但是这种变化轨迹仍然呈现出四种理想形态。在对新生代农民工城市归属感变化轨迹形态描述之后,下面的章节将分析新生代农民工城市归属感及其变化轨迹形态的成因与影响。

第二章 影响新生代农民工城市归属感变化轨迹的微观因素

根据对访谈资料的整理与分析,本研究从微观、中观和宏观三个层次对影响新生代农民工城市归属感变化轨迹的因素进行分析。

在本访谈研究中,影响新生代农民工城市归属感变化的微观因素主要包括经济收入与物质生活水平、闲暇时间、城市认知、对陌生环境的适应程度、择业观与职业选择、居住和个人策略等。

一、经济收入与物质生活水平

人们对一个地方的归属感首先建立在其衣、食、住、行等人类基本生存需求满足的基础之上,尤其是对于为了追求更好的生存条件而远离家乡和亲人来到陌生城市的新生代农民工来说,更是如此。人类基本生存需求的满足程度主要是由其经济收入决定。经济收入决定着人们的衣、食、住、行等基本生存需求的满足,影响着新生代农民工的城市归属感。对于经济收入和物质生活水平具体如何影响新生代农民工城市归属感及其变化这一问题,下面的访谈资料会给我们一定的启发。

（一）城市归属感低的原因

下表是部分访谈者对"初到北京时，为什么您的城市归属感强度低？"这一问题的解释。

表2-1 新生代农民工城市归属感强度低的原因

个 案	初到北京时，为什么您的城市归属感强度低？
Case 05:35	生活起来比较难（指吃和住）
Case 13:25	主要还是经济困难，吃住这一块儿，没有钱，就很难生存。刚来的时候，收入低，比原来在大连时低一半还多，不够我花的
Case 16:16	在这生活的话最起码应该有一个稳定的经济来源，连这一点都达不到，每天都在为这个奔波呢。现在只有一点点收入，温饱问题基本解决了，想买点东西什么的，那就是奢望了
Case 18:13	首先住得不好，住在地下室里，只能放张床
Case 20:10	主要是经济方面，在朋友方面没有多大感受

从表2-1不难发现过低的经济收入及由其所决定的物质生活水平是新生代农民工初到北京时城市归属感低的首要原因，而朋友方面则是次要因素。但是，这一结论似乎与下面的访谈相矛盾。

挣的钱多，也没有什么归属感，就是一个人，喝酒也少，没人陪我喝酒。——Case 18:14

Case 18即使收入增加了，挣的钱多了，但是在陌生的北京缺少朋友，"就是一个人……没人陪我喝酒"，因而没有什么归属感。对于这一矛盾现象的一个较为合理的解释是经济收入和物质生活

第二章 影响新生代农民工城市归属感变化轨迹的微观因素

水平仅是新生代农民工城市归属感的必要条件而不是充分条件。这一解释符合马斯洛的人类需求层次理论。根据马斯洛的人类需求层次理论,归属感是人类的第一层次生理需求、第二层次安全需求及第三层次爱与归属的需求依次得到满足后,才会产生。因此,满足第一层次需求的经济收入和物质生活水平是归属感产生的必要条件,但不是充分条件。这就意味着,达不到一定的经济收入和物质生活水平,新生代农民工就很难对北京产生归属感;然而,即使经济收入和物质生活水平提高了,达到了一定的水平,新生代农民工也不一定会对北京产生归属感。那么,从城市归属感形成的角度分析,新生代农民工的经济收入和物质生活达到什么样的水平是必要的?对于这个问题,需要开展大量的问卷调查研究,本研究无法给出一个确切的答案。

根据上面的访谈分析,经济收入和物质生活水平仅仅是在京新生代农民工城市归属感形成的一个必要而不充分条件。那么,当新生代农民工的经济收入和物质生活水平提高之后,其城市归属感在什么样条件下才会增强?Case 05 的情况可以部分回答这个问题。

(二)城市归属感增强的原因

问:您搬家居住条件改善了,会(对您的城市归属感)有影响吗?

答:以前地儿太小了,现在朋友也能来了,挺方便。还有东西啊,以前没地儿搁,现在都有地儿搁了。

问:生活更好了,您的城市归属感也增强了吧?

答：对，感觉这个城市比较好。——Case 05：42

当经济收入增加带来居住条件等物质生活水平的提高，并转化为生活的便利与朋友交往的增加或改善时，Case 05 的城市归属感大幅度增强，"感觉这个城市比较好"。

根据 Case 05 的情况，朋友交往似乎是一个影响新生代农民工城市归属感形成的一个重要因素。我们不妨大胆假设：只有当经济收入和物质生活达到一定水平，并转化为新生代农民工朋友关系网络扩展或者朋友交往的密切时，新生代农民工的城市归属感才会产生或者增强，否则反之。本章第二部分关于社会关系网络与城市归属感变化之间关系的访谈材料分析是对这一假设的一个经验支持。

二、闲暇时间

在社会学中，闲暇时间是人们享有的一种福利，甚至代表着社会地位。工作之余，人们拥有一定的闲暇时间不仅可以使疲劳的身体得到休息，也可以从事其他学习、娱乐和社会交往活动，使自己获得更加全面的发展、个性培养和社会关系网络的扩展。那么闲暇时间①是否影响新生代农民工城市归属感的变化呢？

不像在家里面（此处指老家），在家里面有大把的时间去做一些事，工作吧，你也不可能提前一个小时出门。堵车，一遇堵车就完了，只好等着。——Case 07：36

---

① 这里的闲暇时间是指工作之外的个人空闲时间，除去耽误在交通堵塞、照顾孩子等非个人因素造成的时间损耗之后所剩下的时间。

第二章　影响新生代农民工城市归属感变化轨迹的微观因素

Case 07 觉得在北京的闲暇时间少,无法去做一些自己喜欢做的事,导致其城市归属感较低,不认同自己是北京人。

应该是有了小孩的原因吧,有了小孩之后,占用的时间比较多,参加的活动比较少;以前没孩子的时候,参加的活动比较多,现在大部分时间都花在小孩身上了。——Case 17:17

有了孩子之后,Case 17 把以前用在参加社会交往活动的闲暇时间都用到照顾孩子上,闲暇时间大为缩短,参加的社会交往活动减少,导致其城市归属感减弱。

根据以上对 Case 07 与 Case 17 的分析发现:闲暇时间是新生代农民工城市归属感存在的必要条件。新生代农民工利用闲暇时间去做一些自己喜欢做的事和参加社会交往活动会对其城市归属感变化产生影响。那么闲暇时间只是新生代农民工城市归属感形成与变化的必要条件,而非充分条件吗?请看下面的分析。

背景说明:Case 18 是一名销售人员,相比 Case 07 与 Case 17,拥有的自由时间相对较多,但是其城市归属感并不高,下面是他的解释:

首先住得不好,住在地下室里,就放个床。早饭,没有自己喜欢吃的,都是那些灌饼什么的。还有玩儿吧,不顺心,比如说去哪玩儿,都要起床很早。再就是朋友少,没有什么人玩儿。人多吵闹。
——Case 18:13

Case 18 拥有较多闲暇时间，但是其城市归属感仍然不强，还有很多导致其城市归属感不强的因素，如物质生活水平低、玩得不顺心及缺少朋友等。这说明闲暇时间不是城市归属感的充分条件。所以闲暇时间是新生代农民工城市归属感的必要条件而不是充分条件。这就意味着，缺乏一定的闲暇时间，新生代农民工很难对北京产生城市归属感；但是即使拥有足够的闲暇时间，新生代农民工也未必一定会对北京产生城市归属感。

三、城市认知

新生代农民工对一个城市的认知会随着其到该城市的时间长短发生变化。对城市认知的变化与新生代农民工城市归属感变化轨迹之间具有怎样的关系呢？下面是根据访谈资料整理所呈现出的二者之间的动态关系。

（来北京之前的想象）首都嘛，最起码比较繁华，还可以看看以前的古建筑什么的，然后去博物馆啊，那时候感觉挺激动的。——Case 07:8

（来北京之前的想象）反正对北京印象挺好的，首都嘛，发展肯定是超前的。——Case 09:6

刚来的时候，挺喜欢的。那时候，因为每天在玩，感觉挺好的，玩的地方比较多。那时候是晚上，从南站出来，嗯，这地方真不错，每天晚上出来转一圈，感觉挺好的，比家里好多了，挺繁华的。那时候想，不回家了吧，再怎么的也是首都啊，在这里工作或居住，也倍儿有面子啊。跟女朋友商量要不咱们结婚就在这里住吧。志气比较高，心

第二章　影响新生代农民工城市归属感变化轨迹的微观因素

想,就凭我还混不出一片天啊(情绪很激动)!租个房子太便宜了,那时刚开始还没有找工作,先租一个房子,然后慢慢找的。——Case 07:24~30

刚来的那会儿,感觉北京还是一个令人比较满意的城市,想在这个城市住下去。——Case 09:17

从上面访谈资料可以发现,到北京之前,新生代农民工通过学校教育、身边人的介绍和各种新闻媒体已经对北京建构起了一种美好的想象和希望。到北京之初,确实感受到了首都的繁华与美好,更加喜欢首都,对个人在首都的生活和发展充满向往,甚至产生了较强烈的城市归属感。但是当真正在北京开始生活和工作之后,新生代农民工的体验又是怎样的呢?

后来,工作了嘛,也是因为该玩的地方都玩了,感觉越来越平淡,不像刚来的时候那样。哎呀,有这么多好玩的地方,感觉首都不应该是这样。因为工作之后,随着时间的推移,越来越感觉自己不适合这里。后来了解房价那个高啊,刚开始来的时候,我租了一个小房,800块钱,一个小房还没有我家的床大呢,哎哟,就是感觉活得特别累。出去玩,发现我这点工资啊,在这里玩,也就一两天,这个月还吃不吃饭啊!再者,就是出去郊游什么的,外边那些旅游景点,确实挺好,但是游完感觉也没啥意思。不打算长期在这儿住了,但是跟朋友出去玩儿还是很愿意的,自己实在是不想出去了。越来越讨厌这个地方了。感觉在这混吧,这样混,这点钱算什么呀,想挣大钱,又没有机会。这点钱,这一生能存多少钱呢?!然后这儿的朋友越来越少了,该走的都走了。在这地方工作吧,感觉越来越累,感觉很无聊。就像现在吧,越来越感觉北京人也没啥好的,活得挺累的。不像在家里面,在家里面有大把的时间去做一些事,工作吧,你也不可能提前一个小时出门。堵车,一遇堵车就完了,只好等着。——Case 07:29~37

觉得(北京)也没有什么特别的。心情不好,感觉难以融入这个城市。觉得(在北京)待不了多长时间了。——Case 09:17~18

当 Case 07 与 Case 09 真正在北京生活和工作了一段时间之后,不再觉得首都北京有多么繁华和美好,对自己在北京的生活和工作很失望,城市归属感降到很低的水平。因此,部分新生代农民工可能由于对城市浅表认知的深化或者说理想化认知的现实化,导致其城市归属感变化轨迹呈下降形态。

一般情况下,从经济相对落后的地区来到一个陌生的现代化大城市,人们往往会被该城市的繁华或者美好的东西所吸引而产生一些浅表的认知,进而根据这些浅表的认知对该城市及个人在该城市的生活与发展产生一些过于美好而不够现实的想象或者推断,并产生对该城市的归属感;然而,当人们在该城市生活和工作、面对真实的城市生活的时候,才发现他们原来所认识、想象与推断的城市其实与现实大相径庭,从而产生一种巨大的认知反差与心理落差,之前的城市归属感烟消云散。这种认知心理变化过程,笔者称作"认知泡沫的破灭"。由对一个城市最初的浅表认知所引发的脱离现实的美好想象与推断,可以称之为"认知泡沫"。而由"认知泡沫"所导致的城市归属感属于认知泡沫型城市归属感;由认知

第二章　影响新生代农民工城市归属感变化轨迹的微观因素

泡沫破灭所导致的城市归属感变化,属于认知泡沫破灭型城市归属感变化轨迹。认知泡沫的破灭过程引发了城市归属感下降。图2-1是"城市认知泡沫破灭者"在京城市归属感变化轨迹的一般模式。

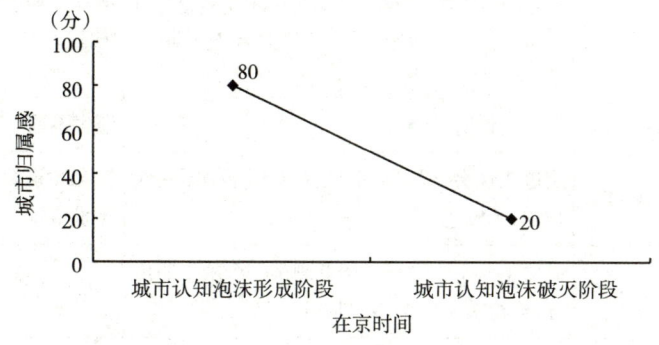

图2-1　"城市认知泡破灭者"城市归属感变化轨迹模式

四、社会化时间

Kasarda和Janowitz在论文《大众社会中的社区归属感》中,将西方社会学界有关社区归属感的研究成果总结为"线性发展模型"和"系统模型"两大模型。在"系统模型"中,居住时间是影响社区归属感的最重要的因素,二者存在正相关关系(Kasarda and Janowitz,1974:336~338)。本研究根据"系统模型"作出如下推论:新生代农民工在城市的居住时间与其城市归属感呈正相关关系。对于这一推论,下面将采用访谈资料进一步检验。首先我们了解一下,初到北京时的陌生环境与生活的不习惯对新生代农民工城市归属感的影响。表2-2是部分受访者对"初到北京时,为什么您的城市归属感强度低?"问题的解释。

表 2-2　新生代农民工城市归属感强度低的原因——陌生与不习惯

个　案	初到北京时,为什么您的城市归属感强度低?	原　因
Case 02:12	人生地不熟	环境陌生
Case 03:17	第一年出来嘛,特想家,想回家,特别想在家干。语言问题,在老家,村里村外(都很熟),就觉得(在北京)摸不着规律,特别头疼,不敢出来	语言不通,环境陌生
Case 05:36	感觉说话听不懂	语言不通
Case 06:13	刚进入社会,很多事不知道,有事不懂得找人帮忙,不熟悉	社会知识缺乏,环境陌生
Case 11:11	挺陌生,不太适应。毕竟刚来一个陌生的地方,你得有一段熟悉的时间	环境陌生
Case 13:22	刚来的时候,对北京比较陌生嘛,不了解这个城市,所有的一切都不明白、不清楚、不了解,所以谈不上喜欢	环境陌生
Case 18:13	早饭,没有自己喜欢吃的,都是那些灌饼什么的	饮食不习惯
Case 19:13	在这儿比较陌生	环境陌生

表 2-2 反映了新生代农民工刚到北京时由于环境陌生与生活不习惯造成城市归属感比较低,环境陌生与生活不习惯包括人生地不熟、社会知识缺乏、语言不通和饮食不习惯等。那么,随着居住时间变长,对城市环境越来越熟悉,也越来越习惯城市生活,新生代农民工的城市归属感会增强吗?

(一)环境的熟悉与生活的习惯引发城市感情的生成

下面是有关新生代农民工居住时间与其城市归属感之间关系

第二章 影响新生代农民工城市归属感变化轨迹的微观因素的描述:

估计是时间长了吧,熟悉了这里(北京)的一切,产生了感情。——Case 02:12

啊——时间长了,慢慢了解北京了,感觉不错。——Case 06:14

对北京越来越熟悉,刚来的时候我连公交车从哪坐都不清楚,后来熟悉了,想去哪就去哪,反正是有那么点感觉吧。——Case 11:12

那个时候是在慢慢地熟悉过程中,慢慢地对北京有点好感了,毕竟有点上进心,不是一干不成就回老家。——Case 13:22

第二阶段好一些了,慢慢地习惯这里的环境了,也喜欢这个城市了,也有一些朋友了,出去也能和别人交流,出去购物、逛街也都好一些了。——Case 19:14

就是因为待的时间长了,对北京有点感情了,有点喜欢这个城市,比刚来的时候好点。——Case 20:11

随着在北京居住时间久了,新生代农民工逐渐了解、熟悉北京的环境,习惯了北京的生活,如出去能与别人交流或商场购物与逛街等,也慢慢喜欢上北京,对北京产生感情、感觉,甚至不想回老家生活和工作。可见,居住时间长导致环境的熟悉化与生活的习惯化,使新生代农民工逐渐产生城市归属感。这支持了新生代农民工在城市的居住时间与其城市归属感呈正相关关系这一假设。然而,并不是所有的新生代农民工在北京居住的时间越长,其城市归属感就越强。

(二)时间的另一面

下面是部分新生代农民工对在京居住时间与其城市归属感之间关系的倾诉。

在这里一直都没有什么归属感,我想在一个地方时间久了,肯定会对它产生一定感情,舍不得的那种感情(言外之意是,时间久了,并没有对北京产生城市归属感)。——Case 16:13

因为随着工作的时间变长和对这里的了解,越来越感觉自己不适合在这里。——Case 07:28

(时间长了,所经历的)就是那些人和事吧,感觉北京也不是想象中的那么美好。——Case 09:17

第二个阶段,在外面做销售,与很多人打交道,感觉人家都是老板,心里很自卑。北京除了治安好和交通方便外,房价高,物价也高,孩子上学也难,不想在北京长期待下去了,宁愿赚钱了去个二线城市也比在这儿好。——Case 14:13

随着在北京居住时间变长,新生代农民工不但没有产生城市归属感,反而越来越低,如 Case 07,"越来越感觉自己不适合在这里"。Case 14 表示"不想在北京长期待下去了"。这是因为新生代农民工在北京经历了让自己不满意的人和事、因对比产生的自卑和城市生活成本过高等因素导致的,该现象并不支持"新生代农民工在城市的居住时间与其城市归属感呈正相关关系"这一推论。

根据第二章中在京个人小传的描述,除了 Case 20 的职业地位稳定(虽换过工作,但是属于平行流动)外,Case 02、Case 06、Case

第二章　影响新生代农民工城市归属感变化轨迹的微观因素

11、Case 13 和 Case 19 的职业地位均呈现出从第一个阶段到第二个阶段的向上流动。他们对城市环境由陌生到熟悉,对城市生活由不习惯到习惯,朋友逐渐增多,即这几个个案的社会境遇处于可以接受的稳定状态乃至向好的状态情况下。居住时间越长,他们的城市归属感也越强。而 Case 16:13 一直处于"工资又那么低,每天都得省吃俭用,到最后的时候,辛辛苦苦一年,到头还是月光族,还不一定能买自己想要的东西"的状态,Case 07、Case 09 和 Case 14 则经历了"认知泡沫的破灭"、职业地位下滑和社会排斥的遭遇等,在这种不利的社会境遇中,居住时间越长,他们的城市归属感不仅不会增强反而呈现下降趋势。

根据上面的分析,我们发现居住时间对城市归属感的作用方向并不确定,而是由新生代农民工在京居住时间的社会性所决定的。同样的居住时间,不同的社会境遇,新生代农民工的城市归属感会发生不同的变化。本研究将这种居住时间对城市归属感的效应机制称作"社会化时间"。如果新生代农民工从到一个城市开始就处于社会境遇可以接受的稳定状态或逐渐向好,其城市归属感会随着居住时间变长而趋强,我们称这种时间为"正效时间"。如果新生代农民工从到一个城市开始就处于社会境遇难以接受的状态,甚至向差,其城市归属感并不随居住时间变长而增强,甚至会随着居住时间变长而下降,我们称这种时间为"负效时间"。负效时间分为两种:负效时间 1 和负效时间 2。负效时间 1 是在一定的时间里新生代农民工从到城市之初就一直处于社会境遇难以接受的状态,导致其城市归属感一直没有变化。负效时间 2 是在一定的时间里新生代农民工到一个城市后的社会境遇逐渐变差,导致其城市归属感下降。图 2-2、图 2-3 和图 2-4 分别是正效时间与负效时间所产生的新生代农民工城市归属感变化轨迹一般模式图。

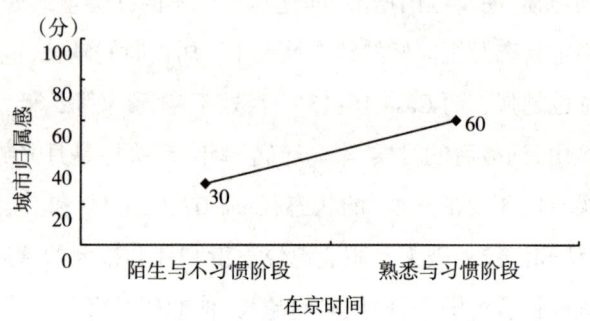

图 2-2　正效时间城市归属感变化轨迹

在正效时间里,新生代农民工的城市归属感随着环境的熟悉和生活的习惯而增强。

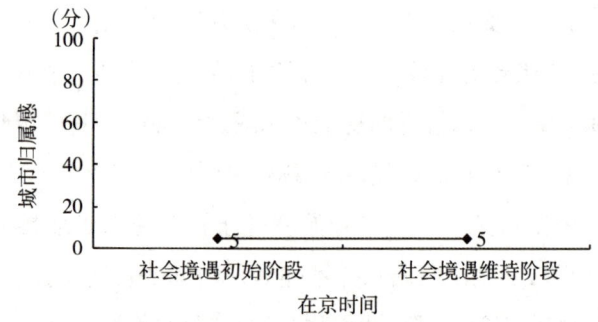

图 2-3　负效时间 1 城市归属感变化轨迹

在负效时间 1 里,因到城市之初新生代农民工便一直处于不利的社会境遇中,其城市归属感一直保持低水平状态。

在负效时间 2 里,与到城市之初相比,新生代农民工的社会境

第二章　影响新生代农民工城市归属感变化轨迹的微观因素

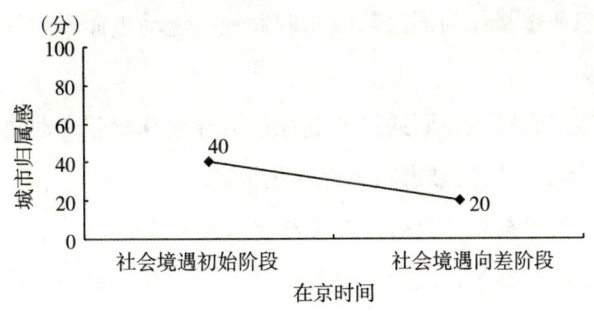

图 2-4　负效时间 2 城市归属感变化轨迹

遇向差变化,其城市归属感水平大幅下降。

五、择业观与职业选择、职业地位的主动流动

新生代农民工到城市生活和工作是为了追求比父辈更好的生活和更高的社会地位。职业是社会地位最常用的测量指标。[①]虽然大家都是通过职业选择来实现同样的目标——提升社会地位,但是新生代农民工往往具有不同的择业观和职业选择。择业观决定就业意向,影响职业选择和职业地位的流动。不同的择业观,意味着不同的工作变动轨迹与职业发展道路。择业观的改变,也会带来职业选择的变动,改变职业地位的流动。这种由择业观带来的职业地位的流动,属于职业地位的主动流动。那么,新生代农民工的择

---

① 社会地位常用的测量指标包括职业地位、教育水平和收入水平。在本研究中,职务、职业收入乃至职业熟练程度均为职业地位的测量指标。由于新生代农民工的收入一般只有工资收入,而且新生代农民工的受教育程度主要为初中、高中/技校/中专,没有必要对教育程度做过细区分,故本研究不考虑教育程度,而是把工资收入作为新生代农民工社会地位的测量指标。

业观和职业选择如何通过影响其职业地位流动进而影响其城市归属感的呢?

新生代农民工不同的择业观往往会导致其职业变动轨迹的差异,进而形成不同的城市归属感变化轨迹。

(一)两种截然不同的择业观与职业变化轨迹

下面两个新生代农民工具有截然不同的择业观,并具有完全不同的职业选择与变化轨迹。

> 有一种叛逆心理,总想着什么(工作)不费力气啊。有点儿幻想挣高工资啊。——Case 04:07

Case 04 的择业观是既想挣高工资,又想不费力气。受这种择业观影响,一直在工作苦、挣钱多与工作清闲、挣钱少这两种工作选择中左右徘徊,不仅在到北京前去过哈尔滨、西安、邯郸和上海等多个城市做过多份工作,而且在北京近五年半的时间里做过五种不同的工作,流动性极高,工资收入也随着工作变动而不断起伏。

而 Case 05 认为在没有学历与技术的情况下,工资收入与体力劳动是呈正比的,即工作苦会挣钱多,而工作清闲则挣钱少。因此,他的择业观是出一份力,赚一分钱,即使比较苦、工资低的工作,也愿意做,得在北京先稳住。在这种择业观影响下,Case 05 在北京工作 4 年中,一直做同一类型的工作,只换过一家公司,现在已经做到公司业务经理,工资收入越来越高。

第二章　影响新生代农民工城市归属感变化轨迹的微观因素

我觉得吧,也不是说找工作就这么难,对吧,就是钱多钱少,苦点累点。他就是挣得钱少不想干,苦了也不想干,又想挣钱多,又想清闲,那不可能,哪有那么好的事!你又不会特别的技术,只能先稳定住,挣点钱再说。又不想干,又想吃好喝好,没那么好的事儿。
——Case 05:19~20

(二)两种截然不同的城市归属感变化轨迹形态

图 2-5 与图 2-6 分别是 Case 04 与 Case 05 在京城市归属感变化轨迹图。从两幅图的对比中可以发现,Case 04 的城市归属感变化轨迹就像其职业地位变化轨迹一样具有高度波动性和不确定性;而 Case 05 的城市归属感变化轨迹则是随着其职业地位稳步上升而相应地呈现阶梯型增长趋势。

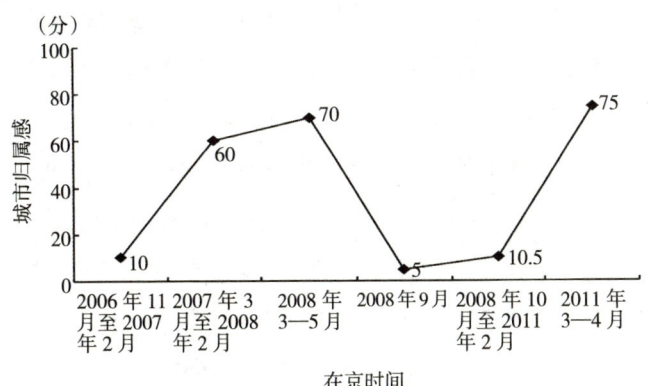

图 2-5　Case04 在京城市归属感变化轨迹

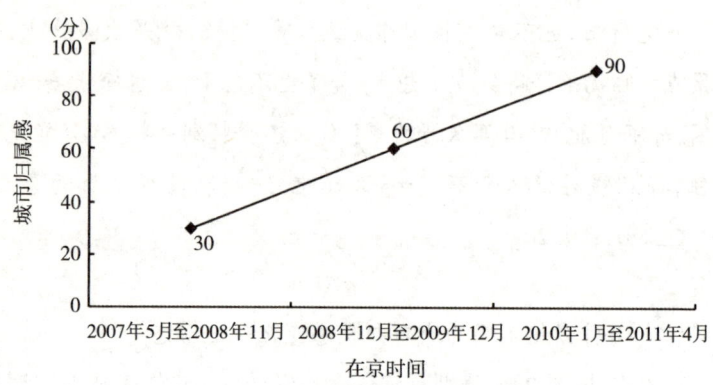

图 2-6　Case05 在京城市归属感变化轨迹

根据以上两个个案的择业观与职业发展的对比,不难发现刚参加工作、缺少一技之长的新生代农民工树立正确的择业观,有利于其长期发展及其在城市扎根立足。择业观与职业选择影响着新生代农民工的职业变动[①],进而改变着其城市归属感的强弱程度并形成城市归属感变化的轨迹。职业地位选择的变动,往往会直接改变城市归属感的走向。这一结论也得到了 Case 19 的支持。

Case 19 从 2004 年 3 月到北京并在一家公司从事销售工作,通过自己的努力,2006 年初成为公司的销售主管。如果 Case 19 像 Case 05 那样继续做销售主管,未来两三年会比较稳定,甚至有可能升为销售经理,那么 Case 19 的城市归属感变化轨迹形态可能会成为三阶段上升型。但 Case 19 改变了自己的职业地位流动路径,于 2006 年 8 月辞职并开始创业。

[①]职业变动不但包括职业间的转换及职业内职位的升降,还包括职业熟练程度的改变。

第二章　影响新生代农民工城市归属感变化轨迹的微观因素

我这个人好胜心比较强，有闯劲，就想人都是到了一定位置，你看老板什么都不用干，就靠这些业务员，我也想自己当老板，后来就出来自己创业了，我是2006年8月份辞职的。——Case 19:4

当时注册公司嘛，不懂，不知道去问谁，周围的朋友同事都是打工的，都不懂。想过放弃，哎哟，这是干吗呀！何必呢？！轻轻松松地去上班或者回（老）家，压力也没有这么大。——Case 19:15

然而，创业的道路并不平坦，充满坎坷，创业的艰辛改变了Case 19城市归属感的变化轨迹，由原本上升型城市归属感变化轨迹转变为波动型。2006年8月至2007年5月是Case 19创业最艰难的时期，也是其城市归属感下降到低谷的阶段。2007年6月份之后，公司经营渐渐步入正轨，Case 19家庭经济状况越来越好，一家租住两室一厅的楼房，与房东关系融洽，经常同其他居民在小区花园一起照看小孩儿、一起聊天，有五六个当地的朋友。Case 19的城市归属感也随之大幅增强。

（2007年6月至2011年5月）在这个城市家的感觉强一些了，在北京也感觉习惯了，更喜欢这里了，在这里长期生活、工作的意愿更高了。——Case 19:15

六、居住环境变动

居住环境是居住者与一个地方建立关系的一座桥梁，通过这个桥梁，居住者的一些需求获得满足，并由此孕育出对该地方的归属感。居住环境的变动也会影响人们对该地方归属感的变动。居住环境通常包括居住位置、居住条件、居住状态[①]和居住外部环境等。居住环境变动则包括居住位置的迁移、居住条件的改变、居住状态的改变和居住外部环境的改变。居住位置的迁移即搬家。居住条件的改变属于物质生活水平的范畴,上文已经分析过,故在此不再探讨。居住状态的改变主要是指和谁一起居住及其关系的性质的改变。居住外部环境的改变一般是指邻居和社区等外部环境的改变。居住外部环境的改变主要有两条途径:一是由居住者搬家导致的居住外部环境的改变,另一种是由非居住者搬家引起的居住外部环境的改变,如外部环境自身的变迁等。在此只讨论由个人搬家造成的居住外部环境的改变。下面将从居住位置的稳定性、居住状态的改变和居住外部环境的改变三个方面对城市归属感变化的影响进行分析。

(一)居住状态的改变

问:由自己租房子到和同事一块居住,这种变动对您的城市归属感有影响吗?

答:应该有吧。自己一个人租房子的时候,感觉特孤单,因为那个时候刚来嘛。后来住宿舍,人多嘛(有说有笑的,应该是很开心的),渐渐地喜欢那个地方了,但是后来又不行了,没感觉了。——Case 07:31

[①]居住状态包括独居、合居、同居、家庭居等。

第二章 影响新生代农民工城市归属感变化轨迹的微观因素

Case 07 先前独自一人租房子住,后来跟同事一起住,居住状态的变动对其城市归属感产生了一定的正面影响。一个人住的时候,感觉很孤单,这势必会影响其城市归属感;当跟同事住在一起的时候,人多不再孤单,经常会在一起交流、开玩笑,感到很开心,从而喜欢现在的家,对这个城市的归属感也会增强一些。但是时间久了,这种合居状态给其带来的满足感逐渐减弱,从而导致合居状态对其城市归属感的正面效应有所弱化。

(二)居住外部环境的改变

问:搬家会(对您的城市归属感)有影响吗?
答:搬家会有一点点影响。到一个新环境,得重新处关系啥的,新搬来的一些人,刚开始关系不怎么好,后来慢慢就好了。——Case 10:23

对 Case 10 来说,搬家意味着从一个熟悉的居住环境转移到一个陌生的环境,由熟悉的社区到陌生的社区,在熟悉社区中的那种熟悉感、自由感、亲切感随着搬家消失,面对的是在陌生社区中所产生的陌生感、不自在感,造成其城市归属感轻微下降,然后花时间重新处关系、交朋友,处理遇到的人际关系,建立新的熟悉感、自由感和亲切感,恢复原有的城市归属感。居住外部环境的改变之所以对新生代农民工城市归属感仅产生微弱的影响,一个解释是,居住社区在其城市社会生活中的比重比较低,居住社区能够向新生代农民工提供的城市归属感强度有限。[1]这一解释也可以由只有5.1%的"我字当头一代"[2]年轻人认为搬家会导致"社会交往范围会有较大的变化"(刘能,2003)这一经验数据得到支持。搬家不会对包括新生代农民工在内的"我字当头一代"年轻人的社会交往范围与社会关系网络产生多大影响,所以搬家仅给新生代农民工城市归属感带来微弱的负面影响。

(三)搬家:高度的居住不稳定

问:居住地的改变对您的城市归属感有影响吗?

答:有那么一点点影响,在北京确实没有家的感觉,不像在老家,尤其是搬家,搬了多次(据了解此个案在北京的17个月里共搬家3次以上,在每个社区居住不到半年,处于居住高度不稳定状态[3]),没有落脚的地儿。——Case 20:10

频繁搬家带来极强的流动性和不稳定性,使得 Case 20 无法对其在北京居住过的任何一个社区产生过家的感觉,导致其"在北京确实没有家的感觉",对北京的归属感自然而然就会减弱。

根据以上分析,居住状态由独居到合居、居住外部环境的改变和高度的居住不稳定会影响新生代农民工的城市归属感。

---

[1] 这一解释也可以由绝大部分受访者都表示与邻居交往很少,甚至彼此不认识,很少提到社区对其生活、社交和城市归属感的影响等。
[2] "我字当头一代"是指我国1980年之后出生的一代年轻人(刘能,2003),包括本文的研究对象新生代农民工。
[3] 本研究中20个访谈个案搬家的平均间隔时间是1.26年。

第二章 影响新生代农民工城市归属感变化轨迹的微观因素

七、城市归属感提升策略

新生代农民工从老家学校毕业或者从其他城市迁移到北京这个陌生的城市,为了适应新的城市社会场域,提升其城市归属感,往往会采取一些个人策略。表 2-3 列出了部分新生代农民工访谈对象在提升城市归属感过程中所采取的策略。

表 2-3 新生代农民工城市归属感提升策略

个 案	新生代农民工提升城市归属感的策略	策略分类	行动/效果编码
Case 02:12	当时想的是多交朋友,比如,我和从学校辞职来北京工作的老领导保持很好关系。在厂里认识一个老乡,我帮他在我租的房子对面租了一间房子,后来我们渐渐成了好朋友	社交	交了几个好友/城市归属感增强
Case 04:32	到一个更好的地方,改善一下环境,改善一下工作环境和工作场地	换工作	换了一份国有单位的工作/城市归属感增强
Case 15:15	让自己生活得更好一些,想办法让事业更好一些	改善生活,发展事业	由雇员到跟朋友合伙开店做老板/城市归属感增强
Case 16:15	每天都在努力。说到底,最主要的还是钱的问题。各方面的压力,造成挣钱不好挣,又得去生活	努力工作	收入有所增加/城市归属感无明显变化

续表

个　案	新生代农民工提升城市归属感的策略	策略分类	行动/效果编码
Case 17：15~19	(来北京的第一阶段)嗯,那会儿想办法换工作,能挣钱挣得多点吧,包括现在也是这样,假如你挣钱挣得多了,在这儿有房什么的,户口对我们影响就不大了。钱多到了一定量,很容易融入这个城市	换工作,努力挣钱	换工作/城市归属感增强
	(来北京的第二阶段)想着留在这个城市,尽量生活得好一些,通过努力工作吧,没有什么系统的方案	努力工作	努力工作/城市归属感增强
	(来北京的第三阶段)对我来说,我觉得努力好像没什么太大的意义,毕竟是外地人嘛,寄希望于政策的改变,我觉得大环境还是政策	个人努力失灵,寄希望于政策的改变	政策没有达到预期/城市归属感降低
Case 18：14	很少出去玩儿,一般参加公司组织的活动。工作中认识几个朋友,认识几个老乡	社　交	认识好友与老乡/城市归属感增强

如表 2-3 所示,除了 Case 17 在第三阶段城市归属感下降,其他几个个案主要通过换工作、改善工作环境、努力工作发展事业,赚更多的钱,改善生活,使基本的生存需求获得更好的满足,不断实现自我价值和社会地位提升,从而更加容易地融入这个城市,培

第二章 影响新生代农民工城市归属感变化轨迹的微观因素

养对城市社会场域的归属感。由此可见,新生代农民工提升城市归属感的主要策略是通过参加公司组织的集体活动和交朋友、结识老乡等社会交往活动,建立和扩大在陌生城市社会场域的社会关系网络,增强在城市社会场域中的组织归属感和群体归属感,进而提升城市归属感。Case 17 在到北京的第一阶段和第二阶段像其他人一样,通过努力工作或换工作,赚更多的钱,力求融入北京,提高对北京的城市归属感;但是在第三阶段,Case 17 认为对于城市归属感的提升,个人的努力是无效的,寄希望于户籍政策的完善,结果城市归属感大幅降低。出现这种转变的原因,是因为 Case 17 在第三阶段遭遇了政策排斥,如被查暂住证、孩子入学遭受过差别待遇等。Case 17 的经历表明,新生代农民工提升城市归属感的策略是有条件限制的,在城乡二元户籍制度未改革的情况下,个人的努力可能会失效。

本章通过对访谈资料的整理分析,提炼出了影响新生代农民工城市归属感变化的七个微观个体因素,包括经济收入与物质生活水平、闲暇时间、需求的变化、城市认知泡沫的破灭、环境的熟悉与生活的习惯、择业观与职业选择、居住变动和城市归属感提升策略等。

第三章 影响新生代农民工城市归属感变化轨迹的中观因素

本研究发现,影响新生代农民工城市归属感及其变化的中观因素主要包括社会关系网络、家庭结构的变迁和工作系统等。

一、社会关系网络

社会关系网络是一个人通过各种途径建立的以个体为核心的社会关系体系,它可以为个人提供社会支持和社会资本,使个人获得精神的慰藉和心理的归属,因此它又被称作文化社区。Kasarda 和 Janowitz 通过统计分析验证的"系统模型"将社区视为由朋友关系、亲戚关系及其他各种关系网络构成的一个复杂系统,流动人口在这个复杂系统中被同化进而获得归属感,其中亲友关系同居住时间、社会地位和生命阶段等一样是影响社区归属感的重要因素(Kasada and Janowitz,1974)。根据"系统模型",本研究认为,社会关系网络是影响新生代农民工城市归属感的重要因素。

(一)社会关系网络的结构与规模

表 3-1 是部分受访者对"为什么您的城市归属感强度低/高?"问题的解释。

第三章 影响新生代农民工城市归属感变化轨迹的中观因素

表 3-1 新生代农民工城市归属感与社会关系网络的静态关系

个 案	为什么您的城市归属感强度低/高?	强度/关系编码
Case 03:21	我爸妈都在这,也有活儿干,而且好多亲戚和村里的人都在这,就像在家一样,以后也想留在北京	高/完整社会网络
Case 05:35	因为在这里的朋友、亲戚很少,有什么事没有靠头儿。闲的时候特别无聊,没地儿玩,也没人找着玩	低/缺少朋友、亲戚
Case 07:35	你说以前吧,朋友会很多,刚来的时候结交了好多朋友	高/结交朋友多
Case 08:16	就是觉得离亲戚近,北京朋友比天津的多点,在天津没有我认识的人	高/亲戚、朋友多
Case 15:13	刚来北京,朋友比较少,谁也不认识,感觉比较陌生	低/朋友较少
Case 16:13	没有什么家的感觉,主要是在北京这边太陌生了,没有一个亲戚在北京,全部都是老家的,或者是在社会上认识的。后来认识的朋友,当你真正遇到困难的时候,他不一定能够向你伸出援手(认识的朋友,不能坦诚相待)	低/没有亲戚在京,只有关系一般的朋友
Case 18:13	朋友少,没有什么人玩儿	低/朋友少
Case 19:12	在这儿比较陌生,没有朋友嘛,出去和别人交流的机会不多,朋友都不在这儿,亲戚还不一样,有些话还不能跟亲戚说,只能和朋友说	低/在京只有亲戚,没有朋友

表3-1表明新生代农民工对北京的归属感受到其在京社会关系网络的强烈影响,社会关系网络是新生代农民工城市归属感的充分且必要条件。根据马斯洛的人类需求层次理论,归属感是第三层次爱与归属需求得到满足后产生的。而爱与归属来自于通过社会交往形成的社会关系网络。因此,如果提供爱与归属的社会关系网络缺失或不完整,则个人归属感难以形成;如果社会关系网络完整,提供足够的爱,则个人归属感油然而生。Case 03、Case 07与Case 08在京具有优质的[①]社会关系网络(如完整的社会关系网络、亲戚多、朋友多),其城市归属感都比较高;而Case 05、Case 15、Case 16、Case 18和Case 19在京具有较劣质的[②]社会关系网络(只有亲戚与朋友、朋友关系一般、朋友少),导致其城市归属感比较低。

社会关系网络通过发挥社会资本与社会支持的功能向新生代农民工伸出援手,让新生代农民工觉得有靠头儿,为新生代农民工建立一片文化社区,在这片文化社区里新生代农民工可以有人一起玩,交流感情,获得家的感觉。因此,社会关系网络是决定新生代农民工城市归属感形成的重要因素。表3-1呈现的是社会关系网络与城市归属感之间的静态关系,那么从动态角度来看,二者之间是否存在类似关系?

(二)社会关系网络的变动

表3-2是部分受访者对"为什么您在这一阶段的城市归属感比上一阶段的增强/减弱了?"问题的解释。

[①]在本研究中优质的社会关系网络的特征是规模大、结构完整、范围广。
[②]在本研究中劣质的社会关系网络的特征是规模小、结构残缺、范围窄。

第三章 影响新生代农民工城市归属感变化轨迹的中观因素

表 3-2 新生代农民工城市归属感与社会关系网络的动态关系

个 案	为什么您这一阶段的城市归属感比上一阶段的增强/减弱了?	变化方向/原因编码
Case 02:13	我的朋友比刚来的时候多了,亲戚也多了	增强/亲戚增多,朋友增多
Case 03:21	朋友多了,有什么事可以找朋友帮忙,越来越喜欢这里	增强/朋友增多
Case 05:40	因为认识的人多了,工作也比较稳定了,所以觉得这个城市还可以的	增强/熟人增多,工作稳定
Case 06:16	找到女朋友了,感觉好多了,有了家的感觉;认识的人多了,获得的帮助也多了	增强/交女朋友,熟人增多
Case 07:31	朋友都离开北京了,这儿的朋友越来越少了,该走的都走了,在这地方工作吧,感觉越来越累,很无聊呗	减弱/朋友减少
Case 11:12	朋友多了,公司活动多(聚会啊等),各方面挺好的。这一阶段感觉特别不错	增强/朋友增多
Case 11:13	满北京跑,接触的都是一些老板、经理,一些高层次的人	增强/认识的人范围变广,层次变高

续表

个 案	为什么您这一阶段的城市归属感比上一阶段的增强/减弱了？	变化方向/原因编码
Case 15:15	认识的人多一些，对城市不那么陌生了	增强/熟人增多
Case 17:15	应该是和接触的人和事有关系吧，刚开始来北京接触的人和事比较少，不太了解这个城市吧，后来自己改变了，熟悉之后，范围就逐渐扩大了，认识这个城市就全面了一些，认识的都是一些IT圈里的生意伙伴、老板、普通员工、技术人员	增强/认识的人范围变广、层次变高
Case 18:15	认识的朋友多了，会好一点吧	增强/朋友增多
Case 19:14	原先自己一个人，比较孤单，他（男朋友）来了之后，比原来强一些了	增强/男朋友来北京

社会关系网络的破损及规模的缩小，如随着朋友逐渐离京，会导致新生代农民工城市归属感强度逐渐变弱，新生代农民工可能感觉在北京生活与工作很无聊，离京意愿增强，如 Case 07；而社会关系网络规模的增大、结构的完善和范围的变广，如朋友和亲戚的增多、交女朋友、男朋友来北京、认识的人范围变广和层次变高等，会增强新生代农民工的城市归属感，使其更加喜欢北京、熟悉北京和在北京有家的感觉。因此，社会关系网络的变动会导致新生代农民工城市归属感强度的变化。

第三章　影响新生代农民工城市归属感变化轨迹的中观因素

上述关于新生代农民工社会关系网络与其在京城市归属感之间关系的变化形态分析,表明社会关系网络及其变动是影响新生代农民工城市归属感强度及变化的一个重要因素,这符合"系统模型"中关于亲友关系与社区归属感之间关系的理论观点。

二、家庭结构的变迁

新生代农民工城市归属感低意味着新生代农民工在城市没有家的感觉,而产生家的感觉一个重要条件是新生代农民工能否在城市建立完整的家庭。新生代农民工家庭的形成过程一般包括订婚[①]、结婚和生育三个过程,这三个过程分别产生的是准家庭、夫妻家庭和核心家庭。新生代农民工在京从单身向这三个家庭形态的依次演变过程,是家庭结构不断变动的过程。下面分析家庭结构的变动对新生代农民工城市归属感强度的影响。

(一)订婚:准家庭的形成

问:您目前这个阶段的城市归属感比上一个阶段增强的原因是什么?

答:(订婚后)在北京有一个安稳的家,刚来那会儿不行。——Case 08:19

在跟男朋友订婚之后,Case 08 在北京有了一个准家庭,获得

[①]本研究将新生代农民工订婚且同居列入家庭范畴,而订婚非同居不列入家庭范畴。

了家的温暖,城市归属感随之增强。

(二)结婚:家庭的形成

背景信息:2004年3月,Case 13来到北京,2006年年底结婚,也就是说到北京两年以后结婚的。

> 结婚的那一刻就已经把这里当作自己的家了。——Case 13:25

通过在北京较长时间的奋斗,与丈夫结婚的那一刻意味着在北京有了属于自己的家庭,于是Case 13把北京"当作自己的家了",城市归属感大幅增强。

(三)生育:经济条件较好家庭中孩子的出生[①]

背景信息:Case 02于2002年夏天到北京工作,2006—2010年是Case 02在京城市归属感强度的最高阶段(80分),在此期间,工作处于稳步上升期,月收入在3500元以上。2006年结婚,2008年女儿出生,2010年提升为公司经理。

> (第二阶段比第一阶段城市归属感更高了)估计是……成了家,有了女儿,工作干得也还行。——Case 02:13

背景信息:Case 13于2004年3月到北京工作,2007年2月至

[①] 根据访谈材料分析发现,新生代农民工城市归属感变化轨迹在从孩子出生到3周岁进幼儿园这段时间内,由于家庭经济条件的不同而表现出不同的形态,故本研究重点分析从孩子出生到3周岁进幼儿园之前这段时间内孩子的出生对新生代农民工城市归属感变化所产生的影响。

第三章 影响新生代农民工城市归属感变化轨迹的中观因素

2009年2月是Case 13在京城市归属感强度的最高阶段（85分），在此期间,和丈夫创立的公司步入正轨,全家人购买了商业保险,有一定的经济条件在京抚养孩子。

嗯,2008年有的孩子嘛,就没想过回家的事儿,就老想在北京怎么样给孩子提供一个好的环境,包括上学的环境与生活的环境,就想长期在这边居住。——Case 13:23

背景信息:Case 19于2004年3月到北京工作,2007年6月接受访谈时,与丈夫创立的公司运转正常,2009年结婚,2010年有了女儿。目前租住两室一厅100平方米楼房,生活条件较好,全家人也购买了商业保险。

问:您对小孩的未来是如何打算的?

答:将来小孩能在大城市上学是最好的,可以有个好的教育环境和平台,暂时是这么想的。

问:有小孩对您的城市归属感有影响吗?

答:比原来大一些了,有了孩子之后,我们也曾设想把孩子的户口弄成北京户口……刚开始没有把这儿当成家,现在时间长了,家人孩子都在这里了,虽然是租的房子,但是我觉得这儿就是我的家。——Case 19:16

通过在北京长期奋斗,在孩子出生期间,Case 02、Case 13和Case 19或者晋升为公司经理,或者创立的公司运转良好,进入稳定发展期,收入较高,家庭经济条件较好,有能力承担孩子出生所带来的经济压力,所以孩子的出生给他们带来的更多的是一种幸福与甜蜜。对他们来说,孩子的出生使其城市归属感强度达到最高峰,Case 19 认为,"虽然是租的房子,但是觉得这儿就是我的家"。有了孩子之后,Case 13"就没想过回(老)家的事儿,就想长期在这边居住"。为的是"在北京……给孩子提供一个好的环境,包括上学的环境跟生活的环境"。

因此,随着孩子的出生,经济条件较好的家庭由夫妻家庭向核心家庭转变的过程可以极大地增强新生代农民工的城市归属感,使其城市归属感变化轨迹呈上升的状势,如图 3-1 所示。

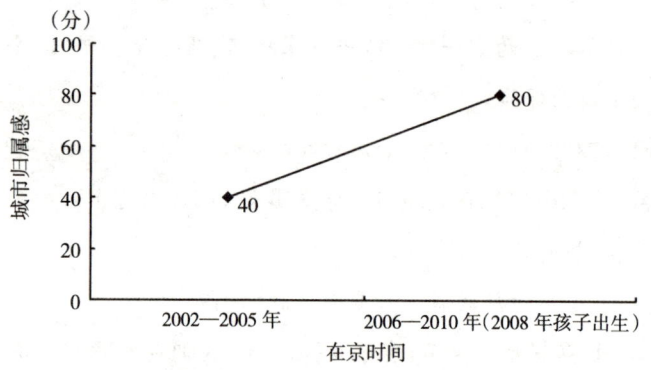

图 3-1　Case02 在京城市归属感部分变化轨迹

(四)生育:经济条件一般家庭中孩子的出生

为人父母者,最大的幸福在于孩子。上文分析表明,经济条件较好家庭孩子的出生可以极大地增强新生代农民工的城市归属感,那么,经济条件一般的家庭孩子的出生又会给新生代农民工的城市归属感产生什么影响?

第三章 影响新生代农民工城市归属感变化轨迹的中观因素

背景信息:Case 17 于 2002 年 2 月来北京工作,2008 年 3 月接受采访时是 Case 17 在京城市归属感的第三个阶段(85 分),比前一个阶段——夫妻家庭阶段——低了 5 分;2008 年 3 月 Case 17 有了儿子,妻子辞职在家照看孩子,由他独自一人养活一家三口。他由做电脑配件与销售转做售后服务,收入较低,感觉生活很吃力,每月家庭生活开支占家庭收入的 80%;一家三口租住在一间 10 多平方米的农村平房。由于经济原因,Case 17 打算送 4 岁的儿子回老家读幼儿园。

问:您第三个阶段的城市归属感比上一个阶段的城市归属感弱一些,这是为什么呢?

答:应该是有了小孩的原因吧,有了小孩之后,占用的时间比较多,参加的活动比较少;以前没孩子的话,参加的活动比较多,现在大部分时间都花在他身上了。

问:还有其他原因使您的城市归属感减弱了吗?

答:在北京收入几乎不涨,我们周围的东西都在涨价,比如房租啊、交通费啊等。(言外之意是经济压力增大,导致其城市归属感下降,那么这种经济压力增大,是否与孩子的出生有关系呢?)

问:您从来北京到现在每月生活成本占您月收入的比重是怎么变化的?

答:越来越大,原因可能是有了小孩,以前我们是两个人都工作的,现在我爱人不工作了,收入越来越少,支出越来越多。

问:还有其他原因吗?

答:再就是一直担心孩子的教育,孩子到了 3 岁的时候,我们唯一的办法只能送他回老家。没有别的办法,在这里上学的话,我们的收入,交完赞助费就不够吃喝了。即使在这里也上不了学,和送回家差不多,对城市归属感有一定的影响。

问:为什么您现在没有刚来的时候觉得自己是这个城市的一员了?

答:可能和自己的收入有关系吧,以前自己比较自由,现在好多收入都花在孩子身上,结果自己没钱参加其他活动。——Case 17:17~19

根据上述 Case 17 关于孩子出生对其城市归属感影响的访谈资料的整理分析,笔者针对孩子出生前后影响其城市归属感的各种因素之间的关系绘制了两个路径图(图 3-2 与图 3-3)以进行对比分析。

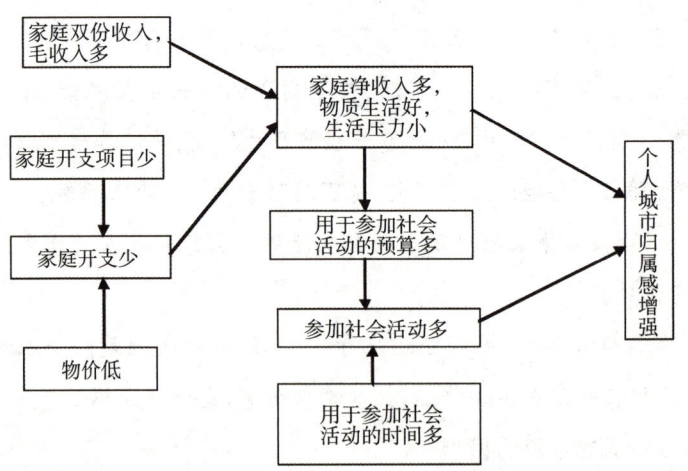

图 3-2 夫妻家庭阶段(孩子出生前)Case 17 城市归属感路径结构

第三章 影响新生代农民工城市归属感变化轨迹的中观因素

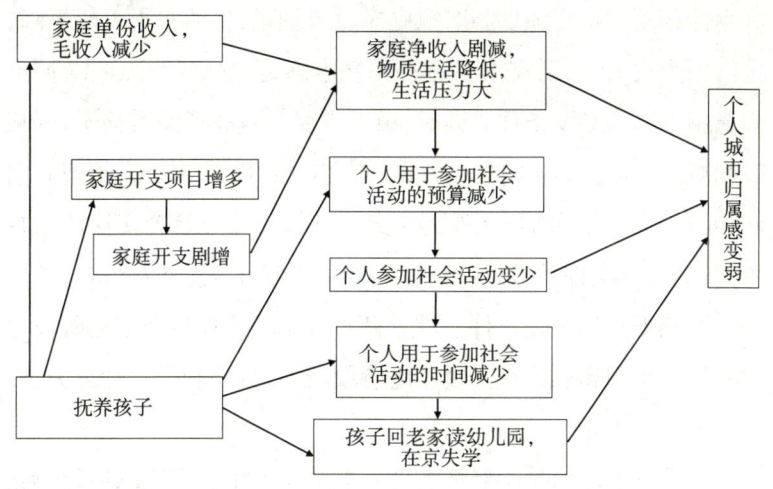

图 3-3 核心家庭阶段（孩子出生后）Case 17 城市归属感变弱路径结构

在图 3-2 中，孩子出生的前一个阶段，Case 17 和他的妻子都在工作，家庭中是双份收入，且两个人的家庭生活开支少，因此家庭净收入多，生活条件好，生活压力小，基本生活需求能得到较好的满足，这为 Case 17 对北京产生较强的城市归属感提供了必要的条件。同时由于闲暇时间多，加上家庭净收入多，Case 17 有足够的闲暇时间和经济预算用于参加城市社会（交往）活动，社会群体交往的需求得到了满足，这为 Case 17 对北京产生较强的城市归属感提供了充要条件。综上两点，Case 17 在夫妻家庭阶段对北京的城市归属感较强，百分制强度计分为"90 分"，如同在老家一样。

然而，孩子的出生改变了 Case 17 及其家庭的一切，也改变了其城市归属感，如图 3-3 所示。孩子出生之后，Case 17 的妻子为了照顾孩子而辞职，使得家庭收入大大减少，同时由于抚养孩子，家庭生活开支大幅增加,因此,家庭净收入剧减,生活水平大幅下降,生活压力增大,生活需求只能得到基本满足,这成为 Case 17 城市归属感下降的必要条件。同时,由于需要帮着妻子照看孩子,闲暇时间减少,加之家庭净收入剧减,导致 Case 17 缺少个人闲暇时间和经济预算用于参加城市社会(交往)活动,城市社会交往活动减少,社会群体交往的需求无法获得较好的满足,这成为 Case 17 城市归属感下降的充要条件。综上两点,Case 17 在核心家庭阶段对北京的城市归属感比在夫妻家庭阶段较弱,百分制强度计分为"85分",下降了5分。

随着孩子的出生,经济条件一般的家庭由夫妻家庭向核心家庭转变的过程会在一定程度上削弱新生代农民工的城市归属感,使其城市归属感变化轨迹呈下降的状态,如图 3-4 所示。

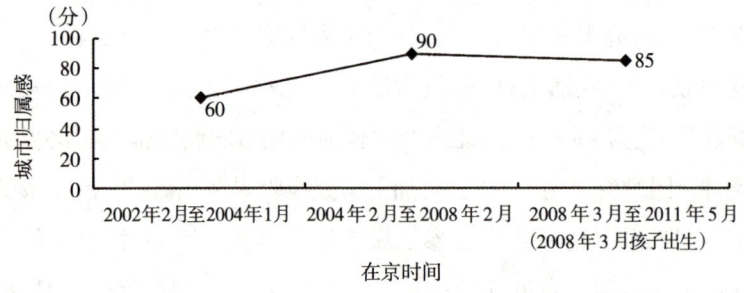

图 3-4 Case 17 城市归属感变化轨迹

根据上述分析,孩子的出生对 Case 17 在京生活、城市社会(交往)活动和子女抚养及教育等方面产生很大影响,按一般逻辑推理,这会导致 Case 17 对北京的归属感大幅下降,然而,仅仅降低了5分,这似乎很矛盾。实际上,孩子的出生不仅意味着上面分析的负

第三章　影响新生代农民工城市归属感变化轨迹的中观因素

面影响,也给新生代农民工带来家庭结构完整化的正面效应,具有对新生代农民工因照顾孩子而减少城市社会(交往)活动的补偿机制,从而使 Case 17 的城市归属感获得一定程度的补偿。下面是 Case 17 对这一补偿机制的叙述。

(五)孩子对社会交往的补偿机制

刚来那会儿基本上就是我一个人嘛,就一个小男孩儿嘛,只接触我这个年龄段的人,和邻居交往的特别少,基本上每天都是上班、下班,日复一日。现在,有了孩子,接触的人多了。我们这一块儿的邻居都特别熟,气氛比较融洽。因为我媳妇来了,有了小孩,邻居家都有孩子,孩子在一块玩儿,然后我们大人也跟着一块玩儿,接触的时间久了,交际圈会大一些。——Case 17:20

由小男孩儿到爸爸的转变过程以及随之而来的社会交往圈子的扩大,Case 17 清晰地展示了孩子的出生对城市社会交往活动的补偿机制,由此解释了上述城市社会交往活动剧减与城市归属感强度下降幅度较小之间的矛盾。

根据以上分析,家庭结构的变迁是影响在京新生代农民工城市归属感的重要因素,尤其是孩子的出生,带来的影响更大。如果新生代农民工家庭经济条件较好,那么孩子的出生对其城市归属感总体产生正效应;但是如果新生代农民工家庭经济条件一般,承受较大压力,那么孩子的出生对其城市归属感产生的影响更多的是负效应。

三、工作系统

工作系统是指与工作有关的各方面因素的集合体系。工作系统既包含社会地位的常用测量指标,如职务、工作熟练程度与职业收入等因素,[①]也包含工作内容、工作强度、工作时间、工作自由程度、工作环境、工作组织结构、集体活动、工作对象、工作意义感、就业状态[②]等因素。下面分别分析工作系统中职业地位与非职业地位因素同新生代农民工城市归属感之间的关系。首先分析就业状态、工作时间安排、工作待遇与关怀、客户关系等非职业地位因素与新生代农民工城市归属感之间的关系。

刚到北京时,Case 10 经过一番努力却仍然找不到工作,心里很失落,觉得北京不适合她生存,不能被这座城市接纳,因此,她无法对北京产生归属感,想回老家。

(来北京的)刚开始几天没有找到工作,觉得这根本就不适合我,就想回去了。——Case 10:20

Case 19 刚到北京工作时,单位还给她租了住房,于是她成了生活安稳、有规律的上班族中的一员,工作日在单位忙碌,休息时出去逛街,享受北京的繁华,因而她在北京获得了归属感。

---

① 职务、工作熟练程度、职业收入综合称为职业地位。
② 此处就业状态包括就业、无业/失业、换工作等。

第三章　影响新生代农民工城市归属感变化轨迹的中观因素

当时是单位给租的房子嘛,就完全把那儿当成家了。在那儿住,平时也就两点一线,下了班就回那儿,周末休息出去逛街。——Case 19:14

在木材厂工作时,Case 04 的工资待遇较差,木材厂缺少人文关怀,工人受伤也没人管,所以他在北京找不到家的感觉,没有归属感。

在木材厂的时候,感触特别深,在城乡接合部嘛,根本找不到家的感觉,吃得不好,穿得不好,住的也不好,睡地下室,屋里吃屋里尿的,我归纳为两个字——凄凉,感觉这个城市太凄凉了哈,没想到首都这地方,在朝阳区城乡接合部,不能说太偏僻的地方,还有这样的地方,甚至是没人管、没人问。一个老头——我们的小包工头——耳朵被砸掉了嘛,根本就没人管。在那里,你根本就体会不到家的感觉,怎么可能就像在家似的,找到了家的感觉?!没有那种概念,根本就没有哈。——Case 04:26

在工作中,Case 09 经常与客户发生摩擦,因此她对自己在北京的工作很失望,也导致她对北京的归属感逐渐减弱。

那些破事(工作中与客户出现的摩擦),感觉也没什么靠谱的(语气失望)。——Case 09:17

上述分析表明,就业是新生代农民工产生城市归属感的首要前提;其次,工作时间与休息时间的安排、工资待遇、工作关怀和与客户的关系等因素也会对新生代农民工城市归属感产生不同程度和不同性质的影响。那么,工作系统中职业地位流动与新生代农民工城市归属感之间存在什么样的关系呢?

关于职业地位的上升与新生代农民工城市归属感之间的关系,请看下面两类不同的案例。

(一)案例类1

下面的新生代农民工个案在职业地位向上流动之后,其城市归属感也随之增强。

背景信息:Case 05 在京工作近4年,到北京的第一个阶段做楼层布线工作,工资低且经常有拖欠。第二个阶段换了一家公司,从事电器销售与安装,工作稳定,且收入比上一个阶段增加[①]。

问:您第二个阶段的城市归属感是60分,比第一个阶段(30分)高了,是什么原因造成的呢?

答:因为认识的人多了,工作也比较稳定了,所以觉得这个城市还可以的。

问:实际上,您在这个阶段换了一份工作,您感觉这个工作稳定,收入也比前的工作高了?

答:是,生活水平也比以前好点了。——Case 05:40

背景信息:Case 11 在京工作近两年,刚开始在一家工厂做机器

[①] 参见第一章第三部分"Case 05 在京小传"。

第三章　影响新生代农民工城市归属感变化轨迹的中观因素

维修工作,后来从事房地产销售,月收入增长,城市归属感强度由 10 分增加到 50 分①。

问:当时(在京第一个阶段)在这有家的感觉吗?

答:没有,那会在单位住,特别不自由,时间被限制,特别不好。

问:那您第二个阶段感觉如何?

答:第二个阶段就感觉好多了,因为第二份工作上班比较自由,也结交了不少朋友,公司也经常组织一些活动。那段时间感觉挺好的。——Case 11:11~12

背景信息:Case 17 在京工作 9 年有余,刚开始做餐厅服务员,后来在中关村做电脑配件销售与送货工作②。

问:您第二个阶段城市归属感怎么样?

答:相对来说比较好吧,那会儿工作比较忙,刚换了工作嘛,自己有一种向上走的感觉,挣的也比较多一些,在北京各方面也比较熟了,比较融入北京了。

问:还有什么其他原因使您的城市归属感比前一个阶段城市归属感高了?

答:可能和接触的人和事有关系吧,刚开始来北京,可能不太了解这个城市,接触的人和事比较少,后来这个城市没有太大的改变,改变的是自己,熟悉之后,活动范围就逐渐扩大了,可能认识这个城市就全面一些吧,(通过工作)认识的都是一些 IT 圈里的生意

---

①参见第一章第三部分"Case 11 在京小传"。
②参见第一章第五部分"Case 17 在京小传"。

伙伴、老板、普通员工、技术人员。——Case 17:15~16

Case 05、Case 11 和 Case 17 都是在到北京的第二个阶段更换了工作,收入增加,工作稳定,实现了职业地位的向上流动。职业地位向上流动还带来了生活条件的改善、时间自由、公司集体活动增加,及社会交往圈子的扩大和层次的提高,除了认识 IT 圈里的普通员工,还有高层次的人物,如老板和技术人员等。排除因时间带来的环境熟悉化等因素,这种职业地位的向上流动及其带来的生活水平的提高与交往的增多,使得 Case 05 与 Case 17 对北京的归属感更加强烈,上升到更高的阶段。

(二)案例类 2

在本类案例中,新生代农民工职业地位向上流动,不仅未提高其城市归属感强度,甚至有所减弱。

背景信息:Case 04 在北京工作 4 年,在京城市归属感随着工作更换经历了不同阶段。为了追求更高的收入,他从二热锅炉辞职去了北农大工厂做一线员工,下面是他对在两家公司工作时的情况与对北京的归属感的介绍[①]。

在二热厂的时候,那时在市里工作嘛,西二环宣武区,应该说有归属感了哈。为啥呢?工人都有好有赖嘛,好的人,给你这、给你那的,包容你了,告诉你不应该干这个,应该往好的方向发展,趁年轻要么学一技之长,要么再继续读书,考个技工证什么的,中专本、

[①] 参见第一章第五部分"Case 04 在京小传"。

第三章　影响新生代农民工城市归属感变化轨迹的中观因素

大专本什么的,也挺有建议哈。吃的用的方面,也受到同事的帮助哈。归属感方面不是那么强,只能说初步找到了家的感觉,初级化阶段(城市归属感为60分)。

在北农大的时候,可以说几乎没有找到归属感哈。为啥? 每天工作10多个小时,加班到晚上十一二点,根本就没人管没人问,整个系统没人管没人问。有点儿归属感,不能说完全没有归属感,也就10%吧(城市归属感为10分)。——Case 04:26~27

背景信息:Case 18到北京2年多,刚到北京时做眼镜销售员,城市归属感为50分,3个月后先后升为公司客户经理和代理商经理,城市归属感上升到65分[①]。

问:您第二个阶段的城市归属感为什么比第一个阶段的城市归属感高了呢?

答:对这个城市了解了一些,熟悉的地方多了,感觉好一点了,感觉去哪比较自由、比较方便。以前去哪,不知道,不方便。

问:升职对您的城市归属感有什么影响吗?

答:没什么影响,对自己来说心里稍微舒服些了,因为经常出差,对城市归属感没有什么影响。——Case 18:14~15

在案例类2中,Case 04和Case 18都经历了职业地位的上升,收入增加,职务晋升,但是Case 04对北京的归属感却急剧下降,职业地位的上升也没有对Case 18的归属感产生什么影响。原因是,

---

① 参见第一章第三部分"Case 18在京小传"。

更换工作后,Case 04 的工作环境恶化,工作强度增加,感受不到工作中的人文关怀;Case 18 则是因为工作缘故经常离京出差,缺乏时间培养对北京的城市归属感。

根据对以上两类案例的分析发现,在其他条件①不变的情况下,职业地位的向上流动会增强新生代农民工城市归属感,二者呈正相关关系。在其他非工作系统因素条件不变的情况下,即使实现了职业地位的上升,由于工作系统中出现不利因素,不仅不会增强新生代农民工城市归属感,甚至会降低其城市归属感。

以上分析表明,工作系统通过职业地位、工作与休息时间安排、工资待遇、工作关怀以及与客户的关系等因素对新生代农民工城市归属感产生影响。工作系统还影响着新生代农民工在城市社会中的生活水平、闲暇时间与时间自由、社会化时间、社会交往与社会关系网络乃至城市认知等,而这些因素都对新生代农民工的城市归属感有不同性质和不同程度的影响,这在第一部分已经分析过。因此,本研究认为,工作系统是影响新生代农民工城市归属感的一个统摄性因素。

通过本章分析发现,工作系统、社会关系网络与家庭结构的变动等中观因素均对新生代农民工城市归属感产生重要的影响。工作系统是影响新生代农民工城市归属感的一个统摄性因素。工作系统不仅直接影响新生代农民工城市归属感,还通过影响新生代

---

① 这些条件包括与工作无关的因素,如对环境的熟悉及工作系统中的工作环境、工作强度和工作管理等因素。

第三章 影响新生代农民工城市归属感变化轨迹的中观因素

农民工在城市社会中的物质生活水平、闲暇时间与时间自由、社会化时间、社会交往与社会关系网络乃至城市认知等因素,进而间接对新生代农民工城市归属感产生影响。

第四章　影响新生代农民工城市归属感变化轨迹的宏观因素

宏观因素主要是指来自个人和组织/网络之外的、较高层面的、对新生代农民工城市归属感变化产生影响的各种宏大的结构性因素。宏观因素一般分为"国家/政府所代表的正式外部力量和市场/资本/传媒所代表的非正式外部力量"(刘能，2010:30)。在本研究中，影响新生代农民工城市归属感及其变化轨迹的正式的宏观外部因素是来自城乡二元户籍制度，而非正式的宏观外部因素则包括全球化系统、经济波动、城市中的发展机会结构和其他城市要素等。

一、城乡二元户籍制度

2014年7月24日，国务院出台《关于进一步推进户籍制度改革的意见》。取消城乡居民身份差别之前，新生代农民工在城市中生活和工作会遇到诸多社会排斥，这种社会排斥主要为城乡户籍制度/政策差异和社会交往排斥。但是在本研究的访谈中，当问到哪些因素影响其城市归属感时，访谈对象最常回答对其影响最大的是城乡二元户籍制度。

新生代农民工在北京遇到的因城乡户籍制度差异引起的问题

第四章　影响新生代农民工城市归属感变化轨迹的宏观因素

包括与户口有关的居住证、子女入学教育、购房与购车、五险一金及工作担保等。在访谈中,根据城乡二元户籍制度对其城市归属感影响的回答,将20个新生代农民工案例分为两类:一类人觉得城乡二元户籍制度对其城市归属感没有影响,另一类人觉得城乡二元户籍制度对其城市归属感有很大影响。第一类新生代农民工的城市归属感并非完全没有受到城乡二元户籍制度的影响,只是他们对这种影响没有察觉而已。下面Case 07对这一问题的回答代表着第一类新生代农民工在城乡二元户籍制度对其城市归属感影响的典型看法。

问:户口是对您在城市身份的一种制度和法律承认,您觉得户口会不会影响您的城市归属感?
答:我感觉对城市归属感影响不是很大,没什么关系,你喜欢就是喜欢,不喜欢就是不喜欢。——Case 07:25

Case 07接受访谈时刚到北京工作,在北京某著名高校从事保安工作,工作中的同事均属于农民工,享受相同的工资待遇,身边缺少当地人做参照,不能明显体会到当地人与外地人因城乡户籍差别所带来的社会身份及福利待遇方面的差异。因此,他觉得户口及与之相关的社会待遇对其城市归属感影响并不很大,关键在于自己,"你喜欢就是喜欢,不喜欢就是不喜欢"。

由于经历了城乡户籍制度差异对其生活、工作、教育、住房及心理体验等各方面带来的影响,另一部分人觉得城乡二元户籍制度对其城市归属感有很大影响。表4-1是部分访谈对象对城乡户籍制度二元差异与其城市归属感之间关系的诉说。

表4-1　城乡二元户籍制度与新生代农民工城市归属感之间的关系

个　案	您觉得您的户口及相关的权益享受方面对您的城市归属感有影响吗？	遭遇/影响编码
Case 03:21	有，比如被查超吧，当地人直接到工商银行交罚款就可以了，我们外地人被查到的话，车只能被扣住，要自己社区开证明才能领出来车，您说多麻烦啊 现在我就差户口了，感觉自己已经是北京人了	交通违法处罚的差异/影响城市身份认同
Case 04:39	北京，我们国家的首都啊，中心城市，有能力的人、有本领的人有的是哈，何况农民工呢，农民工更是如此。农民工为啥体会不到家的感觉？因为北京就没有给你提供家的那种待遇、那种感觉哈，你怎么能够体会到家的感觉呢？虽然它已经向你敞开怀抱了，但是它并没有紧紧拥抱你……	农村户口社会福利待遇缺乏/体会不到家的感觉
Case 10:23	拥有北京户口享受的福利要多一点，不是说多一点，当地人享受的福利，我们外地的户口一点都没有。同样在一个公司上班，人家是本地户口，我是外地户口，人家的福利肯定跟我的福利不一样，比如工资要比我的高一点儿，人家有"三险"啊，公司给他上保险啊，我就肯定没有。反正谁让咱是外地户口呢！就感觉不是自己的家嘛	基于城乡户籍差异的公司福利与"三险"的差别待遇/不被完全接纳，缺少家的感觉

第四章　影响新生代农民工城市归属感变化轨迹的宏观因素

续表1

个　案	您觉得您的户口及相关的权益享受方面对您的城市归属感有影响吗？	遭遇/影响编码
Case 14：13~14	这里没法享受医疗保险。我在海淀区住那会儿，在大街上会经常遇到查身份证，感觉特没尊严，当然不搜女的。有次同事被公安查暂住证时，人被带走，家里人找了四五天都找不到，到派出所询问后才找到 就是在厂子里的时候，很少出去，没有查暂住证的。后来，出来做销售了，遇到查暂住证和身份证的事情	缺少医疗保险，警察查身份证、查暂住证/缺少被尊重感与被完全接纳感
Case 16：16	像我以前上班，工资啊、保障啊什么的，感觉说了也没人听	工资问题、社会保障问题/被忽视感，无助感
Case 17：14	一开始来北京的时候，感觉最强烈的就是自己没有北京户口，根本就不是北京人……在这儿就不适合，在这个城市好像一直没有安全感，我刚来那会儿经常担心是不是又有人查暂住证了	被查暂住证/缺乏安全感
Case 17：18	一直觉得政策不承认我们的存在（产生心理隔阂），在这儿，感觉我们只是在这儿打工的(始终融不进去，始终被挡在门外)，觉得这个城市始终不属于我们，但我承认自己确实很喜欢这个城市，一些地方比较人性化，比中小城市要好。但一些政策不太好，毕竟是首都嘛，可能是出于治安因素的考虑，需要查暂住证，外地人太多了嘛，我能理解，但是这是影响我的城市归属感的主要因素	缺少政策包容/被忽视，缺少被完全接纳感，缺乏归属感

续表2

个 案	您觉得您的户口及相关的权益享受方面对您的城市归属感有影响吗？	遭遇/影响编码
Case 17:14	主要是政策方面,假如有好的政策出台,不限制外地人,最起码在大街上我们不用担心被人查暂住证;还有到银行办一些业务啊,包括交手机费,我只要拿着身份证就可以办理,但是现在当地人只要拿着身份证就可以办,外地人是不允许的,外地人只能交押金或充值。如你去找工作,有些工作需要担保的,否则是不用外地人的。我曾想换工作,但是有好多工作,需要北京人担保,我们都做不到,只要是要求担保的,就找不到,尤其前年的时候很多工作都需要担保的,比如银行的外保,物流公司害怕你拿着货跑了,还有快递公司。就是始终感觉外地人就是外地人,本地人就是本地人	缺少政策包容与社会的信任/缺少被完全接纳感与被信任感
Case 17:19	我们也在这里生活和工作,和北京人的唯一区别就是没有户口	无北京户口/影响身份认同
Case 19: 16~17	不考虑孩子的话,没有影响;考虑孩子的话,有影响	子女教育问题/城市归属感减弱

表4-1表明 Case 03、Case 04、Case 10、Case 14、Case 16、Case 17和 Case 19因城乡户籍制度差异遇到的问题涉及公司与社会福利待遇的缺乏、工资问题、暂住证问题、子女教育问题、居住问题、交通违法处理问题、移动通信服务及银行金融服务问题等,这些问题导致新生代农民工产生被忽视感,缺少被尊重感、被接纳感、被信任感与安全感,进而缺少城市身份认同与家的感觉,其城市归属感受到严重影响。城乡二元户籍制度是影响农民工城市身份认同

第四章　影响新生代农民工城市归属感变化轨迹的宏观因素

与城市归属感的最主要的制度原因,这已是学界共识。本访谈资料分析结论再次佐证了这一学界观点。

二、全球化的影响:职业地位的被动流动

当今世界是一个高度全球化的社会系统。四十年改革开放已让我国深深地融入到全球化系统中。世界上其他角落发生的每一件事情都有可能通过全球化系统影响到我国社会发展与民众的生产生活,尤其是城市社会更容易受到全球化的影响。新生代农民工通过在城市中工作,与全球化系统更加紧密地联系在一起。笔者在访谈中发现,2008—2011年,全球化系统对在京新生代农民工城市归属感产生较大影响的事件主要包括2008年美国金融海啸引发的世界经济危机、国内物价持续上涨等[①]。

关于国内物价持续上涨对新生代农民工城市归属感的影响将在下面分析,因为国内物价持续上涨不止受到全球化系统的影响,也与中国自身的社会经济系统有关。本节主要分析2008年美国金融海啸引发的世界经济危机对新生代农民工城市归属感变化轨迹的影响。

跨国公司是全球化系统的象征。世界经济危机通过跨国公司将危机的影响传播到包括中国在内的世界各地。下面的案例呈现的是在一家国际知名跨国公司的生产电子配件的私营外包工厂工作过的新生代农民工受世界经济危机影响的过程。

---

① 2008年北京奥运会也属于全球化系统的一部分,由于访谈资料不够完善,本书中未讨论北京奥运会对新生代农民工城市归属感的影响。

(一)金融危机对新生代农民工的影响

问:您在电子厂从 2006 年 7 月工作到什么时候?

答:2008 年吧,因为那个金融危机,厂子倒闭了,所以我们都解散了。

问:2008 年几月份?

答:六七月份的样子,没开奥运会之前。

问:厂子倒闭那一次走了很多人吗?

答:对,厂子总共有七八百人,差不多全都走了,因为厂子倒闭了。

问:是什么厂子?主要生产什么产品啊?

答:电子厂,就是生产手机喇叭的。我们那个厂子是私营企业,不是国有企业,我们给飞利浦做活儿,金融危机,因为一些情况,不需要那么多东西了,就把我们厂子给拆了,不给我们活儿干了,养不了那么多人,厂子就倒了。——Case 10:5

起初 Case 10 在飞利浦公司旗下生产电子配件的私营电子工厂工作,但是由于受到金融危机的影响,电子产品市场需求下降,飞利浦便不再给 Case 10 所在的工厂订单,小私营工厂就倒闭了,2008 年 6 月份,Case 10 和她的七八百个同事,乃至中国更多的新生代农民工们都失业了。

(二)工作不稳定与收入下降

2008 年 7 月至 2009 年 10 月,我在一家网吧负责收银工作;

第四章　影响新生代农民工城市归属感变化轨迹的宏观因素

2009年11至2010年12月,在中关村一家公司跑业务,但是一直没有业绩;2011年2月至2011年5月,在一家小服装店做售货员。——Case 10:4~6

因金融危机影响,在生产电子产品的工厂的工作丢掉之后,Case 10在不到三年时间里先后换了三次工作,工资收入并没有增长反而减少,这与当时金融危机引发全国农民工失业潮及农民工平均工资增幅下降的总体情况相一致。[①]2008年金融危机之后与金融危机之前相比,面临下岗失业或无稳定收入压力的农民工比例上升了12个百分点(李培林、李炜,2010)。综合工资收入与工作稳定性等因素,2008年6月的金融危机导致的失业促使Case 10在京职业地位下降。

(三)受工作变动影响的城市归属感变化轨迹形态

下图是Case 10在北京期间的城市归属感变化轨迹。从图中可以看出,Case 10在北京期间城市归属感强度分为两个阶段,第一个阶段是50分,第二个阶段为30分,归属感减弱。这两个阶段的转折点是2008年6月,与其在京职业地位向下流动的时间点相吻合,这说明因金融危机而丢掉电子厂工作是影响其城市归属感的重要原因。这可以在下面的访谈资料中得到进一步支持。

问:为什么您现在没有刚来的时候感觉自己是北京的一员?
答:以前对北京挺感兴趣的,觉得挣钱挺多。挣的工资不像我

---

① 参见财经网:http://www.caijing.com.cn/2009-01-12/110047245.html。

现在挣的工资那么少(即与现在相比,以前挣的工资多,现在挣的工资少)。——Case 10:25

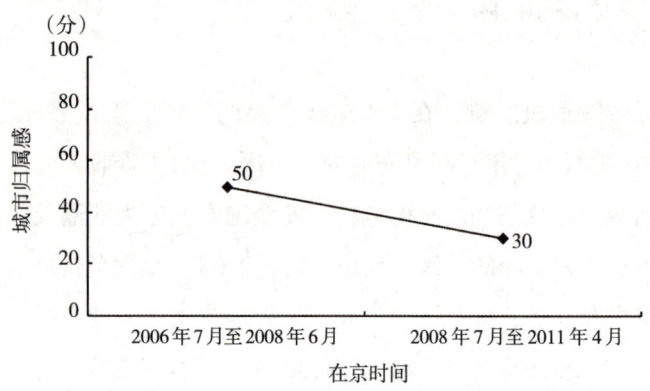

图 4-1 Case 10 在京城市归属感变化轨迹

2008年6月,由于美国金融危机,Case 10失业,职业地位向下流动,造成其城市归属感在2008年6月开始减弱,呈下降型变化轨迹。以上分析说明,全球化系统将美国金融灾难传播到北京的新生代农民工中,这导致他们职业地位下降和城市归属感减弱。该案例也意味着新生代农民工对一个城市的归属感随时可能受到全球化系统变动的影响。

三、经济波动

2008年以来,由于受国内经济发展形势和世界经济危机等各种因素的影响,国内物价持续上涨,尤其是蔬菜、瓜果和房价的涨速最快,增长幅度远远超过城市居民工资收入的增长幅度,对城市居民的生活和心理产生了很大影响,出现了反映这些影响的一些

第四章 影响新生代农民工城市归属感变化轨迹的宏观因素

新名词,如"豆你玩""蒜你狠""姜你军"和"房奴"等等。物价快速增长更容易影响到身处社会底层的新生代农民工。表4-2是部分访谈对象对北京物价增长对其在京生活和城市归属感产生的影响的诉说。

对表4-2分析后发现,物价和房价过高,物价增长速度快,特别是房价增速远远超过工资收入的增速,造成Case 08、Case 11、Case 13、Case 14、Case 16、Case 17和Case 19等新生代农民工在京生活艰苦、购房购车难、子女抚养难等生存压力,进而导致其缺乏城市归属感,或者已经培养起来的归属感变得不稳定,甚至逐渐下降。

表4-2 物价上涨对新生代农民工生活与城市归属感的影响

个 案	为什么您的城市归属感弱/减弱?	原因/影响编码
Case 08:18	以后就是想在这边买车什么的也不好买,别的也没什么,东西有点贵,没老家便宜	物价高/购车愿望难以实现,归属感下降
Case 11:16	谁都想待在这,如果我现在问你想不想,你也想。能留在北京谁都想留,但是也要看下一步走向,也许各方面发展越来越好,能留下,但是可能是自己太贬低自己吧,太难实现了。三四环一平方米三四万……按现在5000块钱月收入算,一年存2万~3万,你想,在北京买房有戏吗?没希望吧,所以综合各方面因素考虑,留在北京的希望特别小,太不现实了。我这个人比较现实,我就想着看以后发展情况,哪边适合我发展我就去哪	房价高/买不起房,离京意愿上升,归属感下降

续表

个　案	为什么您的城市归属感弱/减弱?	原因/影响编码
Case 13: 24~25	是因为社会发展趋势吧,相信在北京很多外来人员都会有这种想法吧,都会有这种(生存)压力。别的不说,就说这两年房价的事儿和物价的事儿,这一说,肯定就会让人受不了,想想就快要窒息了。你想吧,北京的房价现在一平方米均价是三四万,普通打工仔这一辈子肯定买不起房的不管你到哪个行业,企业都有个成本核算的,工资增长不可能超过物价去。就拿这个房子来说,2006—2007年,大兴这最好的房子一个平方米2800元,现在(2011初)两三万,工资再怎么涨也涨不过这个的,不是涨工资就能解决的问题	物价高,房价涨速远远超过工资涨速/买不起房,生存压力大,归属感下降
Case 14:3	北京除了治安好和交通方便外,房价高,物价也高,孩子上学难,不想在北京长期待下去了,宁愿赚钱了去个二线城市也比在这儿好	房价高、物价高/子女抚养成本过高,归属感减弱,离京意愿上升
Case 16:13	物价高,工资低,每天都是省吃俭用,到最后的时候,辛辛苦苦一年,到头还是月光族,到最后还不一定能买自己想要的东西呢	物价高、工资低/生活艰苦,没有归属感
Case 17: 16~17	唯一感觉就是在北京收入几乎不涨,我们周围的东西都在涨,我们房租啊,我们交通费啊。再就是通货膨胀的因素比较大每月的消费占收入的比重越来越大	工资收入涨速不及物价、房租等涨速/归属感减弱
Case 19:16	有了孩子,将来小孩能在大城市上学是最好的,可以有个好的教育环境和平台,临时是这么想,但是以后怎么样还不知道,不一定,得看经济能力怎么样,现在物价、通货膨胀太厉害了	物价高,物价涨速快/子女抚养难,归属感不稳定

第四章　影响新生代农民工城市归属感变化轨迹的宏观因素

四、发展机会结构与个人的转化能力

北京不仅是我国的政治、经济与文化中心，也是世界上人口（常住人口与外来流动人口总和）最多的城市之一。"2010年全球城市排名,北京跻身全球大城市第15位,居国内之首"①。北京既为无数海内外高端人才提供了就业与发展的机会，也吸引着数以百万计的农村人口到北京工作与发展。那么,城市中的发展机会结构给新生代农民工提供了多大的发展机会？在这个问题看法上的分歧将新生代农民工分为两个群体：一个群体认为在北京的发展机会大；另一个群体认为在北京的发展机会小,甚至根本就没有发展机会。那么这两类不同群体的城市归属感如何？下面首先分析前一个群体的城市归属感。

背景信息：Case 11,广告公司销售员,到北京两年有余,先后从事过工厂机器维修和房地产销售,随着工作的更换,职业地位一直保持向上流动的状态,见识不断增长,客户多是一些大公司的老板和经理。②

我就喜欢这里,城市比较大,各方面机遇都会多一些的,总比在老家强,市场广阔,工作也好,别的事情,都会好一些。——Case 11:14

---

①资料来自于百度百科——北京（2011-05-17更新）：http://baike.baidu.com/view/2621.htm。

②参见本文第一章第三部分"Case 11在京小传"。

背景信息：Case 15，理发师，到北京 4 年有余，一直从事理发工作，目前正准备和朋友合伙开理发店。①

主要是想在北京长期工作、发展，因为大城市发展的速度比较快一些、机会多一些，发展空间比较大，小城市发展空间比较小，与大城市比机会会少一些。——Case 15:16

上面的材料表明 Case 11 与 Case 15 在北京生活和工作期间，获得了或即将获得职业地位向上流动的机会，因此他们认为北京是个大城市，市场广阔，各方面的机遇多，并且与小城市相比，北京的发展速度更快，个人在北京的发展机会更多，发展空间更大，所以他们喜欢北京，想在北京长期工作和发展。

Case 11 与 Case 15 所代表的是那些能够将城市中客观潜在的发展机会结构转化为个人需要的可实际获得的发展机会的新生代农民工群体，这个群体可以从城市发展机会结构中获得较好的个人发展机会，因此，他们对自己在所在城市的发展充满信心，从而喜欢这个城市，想长期留在这个城市，有较强的城市归属感。但是，并不是所有的新生代农民工都具备个人条件和足够的运气将潜在的城市发展机会结构转化为可以实际利用的个人发展机会。

背景信息：Case 05，从事电器安装销售工作，业务经理，截至访谈日，到北京工作和生活已近 4 年，换过一次工作，工作一直处于上升

---

① 参见本文第一章第三部分"Case 15 在京小传"。

第四章 影响新生代农民工城市归属感变化轨迹的宏观因素

态势①。Case 05关于在京发展观点也许是其通过自己领悟或者与朋友沟通等方式获得。

> 在这儿吧,发展不可能,仅仅是有工作、有工资,在我们家那边还可以干别的,自己做点儿什么。在这里只有努力工作,你想干点什么,投资不起,就这样。——Case 05:44

背景信息:Case 07,高校保安员,截至访谈日,来北京工作与生活已近2年,刚到北京试图获得一份有发展前途的工作,遇到挫折,之后做保安到现在②。

> 我感觉,机会是肯定有的,但是我是不会在这待了,因为这里消费高,房价也高,你有再多的机会也是需要资金支持的。——Case 07:35

在北京生活和工作期间,Case 05了解过在京投资做生意的成本高,而自己资金又短缺,认为在北京没有发展机会,只能永远努力为别人工作,只能是拿工资。由于资金问题,Case 07在找自己喜欢的具有一定发展机会的工作的过程中遇到过挫折,因此他认为虽然北京存在客观的潜在发展机会结构,但那是"需要资金支持的",而由于缺少足够的资金,他无法获得自己向往的发展机会,加之在北京物价与房价高,导致他对北京的归属感下降,决定离开北京回老家。

---

① 参见本文第一章第三部分"Case 05在京小传"。
② 参见本文第一章第四部分"Case 07在京小传"。

以上两个个案所代表的是那些无法将城市中客观的潜在发展机会结构转化为个人需要的可实际获得的发展机会的新生代农民工群体,这个群体缺少足够条件和运气从城市发展机会结构中获得较好的个人发展机会,因此他们看不到个人在城市中发展的希望,从而导致其城市归属感下降。由此看来,城市中的发展机会结构对新生代农民工城市归属感及其变化的影响是通过新生代农民工的发展机会转化能力来实现的,或者更准确地说,新生代农民工城市归属感的变化是城市中的发展机会结构与新生代农民工的发展机会转化能力相互作用的共同结果,是宏观结构与个人能动性共同作用的结果。

五、其他城市要素:人口、环境、人文、治安、交通和工作区位

城市是一个由地域、人口、社会组织和文化等各种要素构成的系统,而且每个城市系统及其各构成要素的属性是不同的。流动人口总会或多或少地对其打算流向的城市的整体属性和主要构成要素属性有所考量,暂时定居之后,也会对该城市系统及其各构成要素的属性有切身的体验与感受。这种体验和感受是否包括流动人口对该城市的归属感和长期定居意向?对于这个问题,西方学者从人口规模与密度的角度对社区人口与移民的社区归属感之间的关系进行了探讨。滕尼斯与沃斯认为,社区人口规模与社区人口密度是影响移民社区归属感的核心变量,社区规模与社区人口密度越大,移民的社区归属感越弱。下面利用访谈资料分析城市系统及其各要素属性与新生代农民工城市归属感之间的关系。

虽然大家熟知北京,但有必要对北京基本情况再做一简介。截

第四章 影响新生代农民工城市归属感变化轨迹的宏观因素

至2011年,北京人口规模居全国各大城市前列,外来人口占北京常住人口的比重越来越大。"十年前,北京每5个人中有一个是外地人,现在每3个人中有一个来自外地。"[①]2011年整个北京市人口密度为每平方千米995人,而城六区人口密度更是达到每平方千米7837人,远超伦敦和东京。[②]2008年奥运会之前,北京春季经常出现风沙天气,天气环境较差;奥运会之后,天气环境较好。作为国家首批历史文化名城,北京传统文化、人文气息与治安好,拥有发达、便利的城市公共交通体系,但交通堵塞严重。[③]表4-3是部分访谈对象对城市各构成要素与其城市归属感之间关系的描述。

表4-3 城市各构成要素对新生代农民工北京归属感的影响

个　案	在这个阶段,为什么您的城市归属感比较弱/较强呢?	原因/影响编码
Case 02:12	大兴(城乡接合部)离市区比较远,经济也不好,而且那时风沙很厉害,环境比较差	城乡接合部,风沙大,环境差/归属感弱
Case 07:36	越来越感觉北京人也没啥好的,活得挺累的。不像在家里,在家里有大把的时间去做一些事。工作吧,你也不可能提前一个小时出门。堵车,一遇堵车就完了,只好等着	交通堵塞严重/归属感减弱

---

① 参见《北京市第六次全国人口普查主要数据公报》,以及《北京市常住人口年增60万》(《北京日报》2011年5月5日)。

② 参见新浪网:http://news.sina.com.cn/c/2011-07-18/135422833521.shtml。

③ 该资料来自百度百科条目《北京》(2011-05-17 更新):http://baike.baidu.com/view/2621.htm。

续表

个 案	在这个阶段,为什么您的城市归属感比较弱/较强呢?	原因/影响编码
Case 08:16	没怎么想,就是空气不好,没我们老家好,污染太大	空气污染严重/归属感弱
Case 10:26	环境不是很好,但交通便利,就是人太多	交通便利,环境较差,人口规模与密度过大/归属感弱
Case 17:14	感觉这儿人文比较好,交通便利,生活也比较舒服,喜欢这个城市,有些家的感觉,想留在这儿	人文氛围浓厚,交通便利/归属感较强
Case 19:13	被抢了钱包之后,当时感到很失望,因为一直认为这边治安比较好嘛,也是出乎意料吧。以前只在电视上看到过抢劫,没碰到过,毕竟是首都嘛,治安应该比较好一些,但是还是比较乱	遭遇抢劫/归属感减弱

表4-3说明处于城乡接合部、空气污染、交通堵塞、人口规模过大与密度过高及遭遇抢劫等因素导致Case 02、Case 07、Case 08、Case 10与Case 19等对北京的城市归属感弱或者由强变弱。但是浓厚的人文氛围和便利的交通使Case 17对北京产生了比较强烈的城市归属感,想长期在北京生活与工作,这说明人口规模与密度、环境条件、交通条件、治安状况和人文氛围等城市构成要素也会影响新生代农民工的城市归属感。但由于缺乏这方面的访谈资料,不再做更加详细的分析。

第四章 影响新生代农民工城市归属感变化轨迹的宏观因素

城乡户籍制度差异对新生代农民工城市归属感及其变化产生直接强有力的影响。宏观结构(如全球化系统和经济波动),以及个人能动性与宏观结构的相互作用(如城市中的发展机会结构和个人的转化能力),通过影响工作系统和生活条件等因素进而影响新生代农民工的城市归属感。其他城市要素,如人口、环境和交通等因素对新生代农民工的城市归属感也会产生一定的影响。

第五章　新生代农民工城市归属感及变化对个人产生的影响

在访谈的过程中，部分受访者谈到城市归属感及变化对其生活习惯、城市社会融合和离城返乡等方面产生一定影响。

一、对生活习惯的影响

当被问及城市归属感及变化对个人有何影响这个问题时，两位新生代农民工认为城市归属感及变化对其吸烟和饮酒方面会产生影响。下面是他们的描述：

（随着对北京的归属感的降低，Case 07 吸烟量）越来越大，以前是一个星期一盒，现在估计也就两天一盒吧。——Case 07:32

（在北京一年半时间，Case 20 对北京缺乏归属感）这对喝酒有影响，喝的次数多了，喝的酒多了，寂寞了可以喝点酒。——Case 20:11

Case 07 认为城市归属感降低导致其吸烟量增加。Case 20 觉得对北京缺乏归属感导致其饮酒量增加。但是本文无法判断新生

第五章 新生代农民工城市归属感及变化对个人产生的影响

代农民工城市归属感与其吸烟量、饮酒量之间的具体关系,因为吸烟与饮酒增加可能是为了缓解工作压力和排遣寂寞,即工作与社会关系网络问题导致压力与寂寞,进而通过吸烟与饮酒来缓解这种压力与寂寞。当然,工作与社会关系网络问题也会同时导致城市归属感缺乏或者降低,也就是说,可能并不是由城市归属感及变化导致新生代农民工吸烟量与饮酒量的上升。因此,关于城市归属感及变化与吸烟量、饮酒量之间的关系需要更加详细的材料来分析论证。

二、对城市社会融合的影响

社区归属感与社区参与之间具有相互影响的关系(程燕,2006)。笔者发现城市归属感不仅受到新生代农民工城市社会融合的影响,而且城市归属感的不同状态及其变化也影响着新生代农民工的城市社会融合,主要表现在职业发展、人际关系及城市参与等方面。

(一)对职业发展的影响

强烈的城市归属感能够激发新生代农民工在城市中工作和谋取职业发展的动力。

背景信息:Case 07 到北京工作近两年,由于刚开始对北京产生认知泡沫,所以其对北京有非常强的城市归属感,为 80 分[①]。

(刚到北京时)工作挺带劲儿的,想挣点儿钱,看看有什么适合

---

① 请参见第一章第四部分"Case 07 个人在京小传"。

自己的项目,晚上特别爱出去转、找项目。在北京住的话,肯定需要借点钱,投资项目,找个好项目,过好生活。——Case 07:26

Case 07 对北京强烈的归属感激发了他良好的工作状态,正如其表述"工作挺带劲儿的";为了在北京定居、更好的生活和工作,他经常利用晚上业余时间到市区里寻找发展机会。Case 07 的情况说明,强烈的城市归属感能够激发新生代农民工在城市中谋求工作和职业发展的动力。

(二)对社会交往和人际关系的影响

下面为 Case 02 与 Case 07 讲述城市归属感的不同强度及变化对其社会交往与人际关系的影响。

背景信息:Case 02 到北京工作 9 年有余,刚到北京时,由于人生地不熟,对北京的归属感比较弱,为 40 分。

问:当时对北京的城市归属感对您产生了什么影响?

答:当时想的是多交朋友,比如我和从学校辞职来北京工作的老领导保持很好的关系。在厂里认识一个老乡,我帮他在我租的房子对面租了一间房子,后来我们渐渐成了好朋友。——Case 02:12

背景信息:Case 07 到北京工作已近两年,刚开始由于对北京产生城市认知泡沫,所以他对北京有非常强的归属感,为 80 分[1]。

问:对北京强烈的归属感对您的社会交往有影响吗?

---

[1] 参见第一章第四部分"Case 07 在京小传"。

第五章　新生代农民工城市归属感及变化对个人产生的影响

答：那肯定有影响，如果你想在这里长期发展，肯定会频繁地接触身边的一些人。在广场等地方以及玩儿的时候，自己很乐意跟人交谈。当时跟人交往的心态挺好，就是做一块儿聊聊天啊，吃吃饭啊，就这样，想办法了解如何在北京生活得更好。那个时候认识了挺多朋友，聊得来的有20多个吧。——Case 07:26

背景信息：经过一段时间的努力，在遭遇挫折之后，Case 07 对北京的认知泡沫破灭，所以他对北京的归属感大幅下降，为20分[①]。

问：对北京的归属感降低会影响您的人际关系吗？

答：差不多吧。因为宿舍只有我有电脑，如果朋友想上网的话，他会跟我说啊，就是说跟朋友关系可能会越处越好，但是自己心里却很排斥，因为觉得对方是在耽误自己的时间。

问：这是城市归属感降低造成的吗？

答：差不多吧。如果你喜欢这里，肯定会很乐意跟你的同事或室友去分享自己的电脑，你就不会产生那种抵触情绪。突然间又会想，不让你玩吧，你心里会不舒服；让你玩儿吧，你还耽误我的时间，我的心里会不舒服。——Case 07:33~34

刚到北京时，Case 02 对北京的城市归属感比较弱，这促使他通过多交朋友，如与老领导保持很好的关系、认识厂里的老乡等融入北京，培养自己对北京的归属感。刚到北京时，Case 07 对北京的归属感很强烈，这激发他频繁地接触身边的一些人，积极主动地跟

[①] 参见第一章第四部分"Case 07 在京小传"。

当地人和广场等公共场所里的人们交流，结识了许多新朋友，建立起了自己在北京的社会关系网络。后来 Case 07 对北京的归属感大幅下降，这导致其社会交往意愿下降，逐渐退出原有的社会关系网络。可见，刚到北京时，不论新生代农民工城市归属感强或者弱，都会促使其进行大量的社会交往，建立在城市的社会关系网络，以融入城市。但是，当新生代农民工的城市归属感由强烈转变到非常弱乃至消失时，其社会交往意愿就会下降，社会交往活动减少，并缩小自己的社会关系网络。

为什么新生代农民工刚到一个陌生城市时较低的城市归属感可以增加其社会交往意愿，而在城市待一段时间后社会交往反而会减少？也许是因为新生代农民工刚到一个陌生的城市时，即使由于陌生等原因对这个城市的归属感很低，但是新生代农民工期望通过自己的社会交往努力提升对这个城市的归属感。因此，对陌生城市较低的归属感能够增加新生代农民工在城市中的社会交往。本研究将这种城市归属感称为"期望型城市归属感"。在第二章的"城市认知"一节中，笔者提到过"认知泡沫型城市归属感"和"认知泡沫破灭型城市归属感"。"期望型城市归属感"与"认知泡沫型城市归属感"的共同点是，二者都是在新生代农民工刚到一个陌生城市时对这个城市所产生的归属感，都能够增加新生代农民工在城市中的社会交往活动；不同点是"期望型城市归属感"比较微弱，而"认知泡沫型城市归属感"比较强。"期望型城市归属感"与"认知泡沫破灭型城市归属感"的共同点是二者都比较微弱，不同点是前者是新生代农民工刚到陌生城市时所产生的归属感，能够增强其在城市的社会交往活动，而后者则是新生代农民工在陌生城市中社

第五章　新生代农民工城市归属感及变化对个人产生的影响

会交往努力遇到挫折之后所产生的城市归属感,导致其在城市的社会交往活动减弱。

(三)对城市参与的影响

本研究发现,新生代农民工城市归属感也会影响其城市参与。

1. 较强的城市归属感能提高农民工城市参与度

问:刚来的时候,(强烈的)城市归属感对您的生活有什么影响吗?

答:感觉比较喜欢走动,喜欢跟朋友出去遛遛。走到什么地方,在什么地方看看,没什么固定的地方,然后找个地方将就着吃点儿。一般是比较繁华的地方,那些地方商机比较多吧,就是超市啊、景点啊。繁华的地方,一般都去过。——Case 07:28

Case 07 对北京强烈的归属感激励他经常了解周围和出入城市的公共空间,如超市、景点及各种繁华的地方参加城市活动。

2. 较弱的城市归属感会降低农民工的城市参与意愿

问:您现在(对北京的归属感很低)还想出去吗?

答:跟朋友出去玩还是很愿意的,(除此之外)自己实在是不想出去了。——Case 07:29

问:为什么您不怎么愿意参与城市社区活动?

答:参不参与没什么用,因为我们不属于这里,不是这个群体的人,毕竟要赚钱生活的,我们没必要参与这些没什么用的活动,看得比较现实一点。——Case 18:18

随着对北京城市归属感的减弱,Case 07 不再愿意独自一人参与城市活动。由于 Case 18 对北京缺乏归属感,认为自己"不属于这里,不是这个群体的人",所以他不愿意参与城市社区活动。

3. 城市归属感增强会提高农民工城市参与意愿

问:您第二个阶段的城市归属感(增强)会对您产生影响吗?
答:会有些积极影响吧,但不是很强。会积极参加一些公益活动。——Case 17:16

问:为什么您现在比刚来的时候更愿意参与社区活动?
答:刚来的时候,觉得自己不属于这个城市,不想参加这个城市的任何活动,现在时间长了,我的家在这儿,我也是这个城市的一员了,所以我愿意积极参加各方面的活动。——Case 19:17

随着对北京城市归属感的增强,认为自己也是这个城市的一员,Case 17 与 Case 19 更加愿意参加一些包括公益活动和社区活动在内的城市活动。

三、对离城的影响

城乡二元户籍制度造成农民工不能从心理上融入城市。在金融危机影响下,大量农民工在 2009 年春节前提前返乡(陈明、黎东丽、戴力勇,2009)。下面是城市归属感对新生代农民工离城的影响的访谈。

背景信息:Case 07 到北京工作近两年,刚开始由于对北京存在

第五章 新生代农民工城市归属感及变化对个人产生的影响

认知泡沫,所以对北京有非常强的城市归属感,为80分。后来在京发展遇到较大挫折,城市认知泡沫破灭,归属感降为20分①。

问:您的城市归属感降低会对您产生什么影响?

答:我打算离开啊(回山东老家)。——Case 07:34

背景信息:Case 09到北京工作两年整,刚开始由于对北京存在认知泡沫,所以对北京有较强的城市归属感,为70分;后来在工作中与客户经常发生摩擦,其城市认知泡沫破灭,归属感降为30分②。

问:您现在的城市归属感(30分)会对您产生什么影响呢?

答:我觉得(在北京)待不了多长时间了(但不确定去哪个城市),就这个影响。——Case 09:17

背景信息:Case 16到北京工作近两年,由于在京收入很低,生活很艰苦,没有家人、亲戚和老乡在京,在北京缺少归属感③。

问:您的城市归属感(很低)会对您产生什么影响?

答:就是随时都有可能离开这里(回河北老家)。——Case 16:14

由物价上涨、生活困难、发展受挫、交往摩擦以及城乡户籍制度差异等因素造成新生代农民工形成"认知泡沫破灭型城市归属感",Case 07、Case 09和Case 16离城的意愿增强,可能缩短在京生

---

① 参见第一章第四部分"Case 07在京小传"。
② 参见第一章第四部分"Case 09在京小传"。
③ 参见第一章第二部分"Case 16在京小传"。

活与工作时间。

城市归属感及变化既是影响新生代农民工离城的一个重要的心理因素,也是政策排斥、经济危机、工作系统、社会关系网络以及生活条件等影响新生代农民工离城的一个中间变量。

由于收集的访谈资料有限,本章关于新生代农民工城市归属感及变化对个人影响的分析相对粗略。根据对现有访谈资料的分析,发现城市归属感及变化主要影响新生代农民工的职业发展、社会交往和城市参与等城市社会融合及其离城的意愿,也有可能对其生活习惯产生一定影响。

第六章 总结与反思

通过前文的描述和分析,读者首先对新生代农民工城市归属感变化轨迹的诸种形态有了具体的认识,进一步了解了新生代农民工城市归属感变化轨迹形态背后的影响因素和城市归属感及变化对新生代农民工产生的影响。本章的主要内容是进行总结与反思,并介绍本研究的不足及可能改进之处。

一、总结与反思

在西方学界,Kasarda 和 Janowitz 总结了两个主要的理论模型——线性发展模型与系统模型,认为社区人口规模与密度、社会地位、居住时间、亲友关系和生命阶段是影响移民社区归属感的重要因素。大多数国内学者视城乡二元户籍制度为影响新生代农民工城市归属感的最主要因素(王春光,2001,2006;米庆成,2004;隋春波,2006;魏晨,2007;张乐,2007;郭聪慧,2008;陈占江,2008;戴欢欢,2010),本研究的结论支持了学界主流观点,但也有一些不同于以往的发现,佐证了本研究的推论。

(一)反映不同社会境遇的新生代农民工城市归属感变化轨迹形态

本研究发现,新生代农民工的城市归属感确实是随着其社会境遇的变化出现强弱程度不同的变化,并呈现出各种变化轨迹,这些变化轨迹按变化方向分为一字型、上升型、下降型、波动型四种。这些不同类型的变化轨迹往往反映着新生代农民工不同的社会境遇。如一字型城市归属感变化轨迹说明新生代农民工在城市中的社会境遇一直保持稳定不变状态,下降型城市归属感说明新生代农民工经历过"城市认知泡沫破灭"的过程或者社会境遇的恶化,上升型城市归属感反映新生代农民工的社会境遇不断向好,而波动型城市归属感意味着在京长期居住和工作的新生代农民工经历了职业地位的高低起伏、家庭结构的变动和生存压力的变化等多种境遇。

(二)多种因素影响新生代农民工城市归属感及其变化轨迹

本书从微观、中观和宏观三个层次对新生代农民工城市归属感的产生条件和变化原因进行了分析。其中对新生代农民工城市归属感及其变化产生重要且直接影响的因素包括城乡二元户籍制度、工作系统、社会关系网络、生活条件(包括经济收入与物质生活水平及闲暇时间)、家庭结构的变动、社会化时间及城市认知等,而以上因素中,工作系统、社会关系网络、生活条件及家庭结构的变动等受到其他因素的影响,如个人能动性(择业观与职业选择,婚姻与生育、居住变动、城市归属感的提升策略)和宏观结构(如全球化系统和经济波动),以及个人能动性与宏观结构的相互作用(如城市中的发展机会结构和个人的转化能力)。与学界以往研究结论相同,本研究发现,城乡二元户籍制度是国家实行户籍制度改革前影响新生代农民工城市归属感轨迹变化的最大因素。除城乡二元户籍制度这一制度性因素外,工作系统是影响新生代农民工城市归属感的最重要因素。工作系统不仅直接影响新生代农民工城市归属感,而且通过影响新生代农民工在城市社会中的物质生活水平、闲暇时间与时间自由、社会化时间、居住、社会交往、社会关系网络以及城市认知等因素,间接对新生代农民工城市归属感产生影响。

本研究发现,经济收入和闲暇时间是新生代农民工城市归属感产生的必要而不充分条件。如果经济条件和闲暇时间达不到一定的水平,那么新生代农民工就无法对所在城市产生归属感;如果经济条件和闲暇时间达到一定水平,新生代农民工也未必会对其所在的城市产生归属感。经济收入和闲暇时间的主要功能是满足新生代农民工的基本生活需求。按照马斯洛的人类需求层次理论,生活的基本需求是人的第一层次需求,必须首先得到满足,然后才是更高层次需求的满足,比如归属感,也就是说,如果基本生活需求无法得到满足,那么城市归属感也不会得到满足,但是即使基本生活需求得到了满足,城市归属感也未必会得到满足。

居住时间对新生代农民工城市归属感的影响受到生活条件和工作情况等社会境遇的影响,并不是居住时间越长就必然会促使城市归属感增强,因为它是一种"社会化时间"。社会化时间分为"正效时间"与"负效时间"两种。在正效时间里,如果新生代农民工一开始处于一种社会境遇可以接受且稳定或稳步向好的状态,那么其城市归属感就会随着时间变长而趋强;但是在负效时间中,如果新生代农民工一开始就处于一种社会境遇难以接受,或较大的平行流动性,或向差的状态,其城市归属感就与时间无关,甚至随着时间变长而趋弱。因此,本研究发现居住时间与城市归属感之间的关系比系统模型中的居住时间与社区归属感之间的正相关关系更加复杂。

社会关系网络及其变动是影响新生代农民工城市归属感及其变化的充要条件,这与西方学者的"系统模型"的推论是相一致的。亲友关系是影响社区归属感的重要因素,同样与国内学界关于都市村庄流动人口城市认同感的最重要影响因素是"精神社区①认同感"的结论相吻合(栗志强,2005)。在一个人生地不熟的城市,新生代农民工需要解决如何熟悉城市、如何在城市找到一份合适的工作、如何获得外在的帮助与支持、如何获得关怀与温暖、如何应对孤独与寂寞等等问题。新生代农民工通过自己的努力构建起来的社会关系网络满足了其对城市适应的支持、城市社会交往与群体归属、城市社会参与等需求,从而使新生代农民工获得了对所在城市较强的归属感。

婚姻与生育所带来的家庭结构的变动影响着新生代农民工城市归属感的变化,但这种影响同居住时间长短一样,也是不确定的。对于多年在一个城市生活和工作的新生代农民工来说,订婚尤其是结婚会很大程度上增强其城市归属感,否则不存在这样的效应。这可能是因为城市归属感本质上就是家的感觉,订婚和结婚意味着其生活和工作多年的城市满足了其对于家的需求。奋斗多年之后,有了家,对城市的归属感自然增强。其次关于生育的影响也是有条件的,经济条件较好的家庭中孩子的出生一般会增强新生代农民工城市归属感,但是在经济条件一般的家庭中,孩子的出生会削弱新生代农民工城市归属感,甚至导致其离城意愿上升,这是

---

① "精神社区"是国内学界流行的一个术语,与社会关系网络同义,均指亲友关系网络。

第六章 总结与反思

因为良好的经济条件可以应对养育孩子所带来的经济需求，经济压力小，为人父母的新生代农民工可以更多享受孩子带来的幸福；而经济条件一般，不足以应对养育孩子所带来的经济需求，经济压力大，孩子带给为人父母的新生代农民工的幸福感被经济压力抵消。

工作系统及其变动是影响新生代农民工城市归属感及其变化的最重要的统摄性因素。工作系统不仅通过职业地位和自身包含的就业状态、工作内容、工作强度、工作时间安排、工作环境和同事关系等因素对新生代农民工的城市归属感产生影响，而且还会强烈地影响着甚至在某些方面决定着新生代农民工在城市社会中的物质生活水平、作息规律、闲暇时间与时间自由、社会化时间、居住、认知、社会交往和社会关系网络、家庭结构的变迁等条件与因素，而这些条件与因素都对新生代农民工的城市归属感有不同性质和程度的影响。职业地位是新生代农民工所在工作系统的一部分因素，职业地位的流动即意味着新生代农民工所在的整个工作系统的变动。因此，职业地位的流动对新生代农民工城市归属感的影响是存在前提条件的，即在其他所有条件①不变的情况下，职业地位的向上流动会提高新生代农民工城市归属感，二者呈正相关关系。在其他非工作系统条件不变的情况下，工作系统的变动，即使实现了职业地位的向上流动，由于工作系统中出现不利因素，不但不会增强甚至会降低新生代农民工城市归属感。职业地位与

---

① 这些条件包括与工作无关的因素，如环境熟悉度，也包括工作系统中的工作强度和工作管理等因素。

城市归属感之间关系的复杂性是与"系统模型"中的社会地位与社区归属感之间存在正相关关系有所不同的。本文的职业地位还考虑了职业地位背后的工作系统中其他因素对新生代农民工城市归属感的影响,因此,单纯的职业地位变动并不必然造成与之相同的城市归属感变化,而且即使社会地位属于平行流动,新生代农民工的城市归属感也有可能增强或减弱。

新生代农民工不仅在工作上高度流动,而且居住变动性更甚于工作流动性。居住的变动影响当前新生代农民工城市归属感。过于频繁的搬家会导致新生代农民工对北京缺少家的感觉,居住状态和居住外部环境的改变同样影响新生代农民工的城市归属感。频繁搬家意味着居住受工作流动性和经济条件影响过大,经济收入低,同时造成居住环境的频繁改变,都对城市归属感产生一定程度的不利影响。但是居住变动对新生代农民工的城市归属感的影响却比较微弱,一个可能的解释是,居住社区在新生代农民工城市社会生活中的权重比较低,居住社区对新生代农民工城市生活的影响有限。

与以往学者的研究发现相同,本研究同样认为城乡二元户籍制度是影响新生代农民工城市归属感及其变化的最重要因素。新生代农民工在北京因公司与社会福利待遇的缺乏、工资问题、暂住证问题、子女教育问题、居住问题、交通违法处理问题、移动通信服务及银行金融服务问题等导致新生代农民工产生被忽视感,缺少被尊重感、被接纳感、被信任感与安全感,进而缺少城市身份认同与家的感觉,其城市归属感会受到严重影响。本研究发现,新生代农民工对城乡户籍制度差异的感受也存在分化,如经历过被查暂住证或者遇到子女上学等问题的新生代农民工对城乡户籍制度差异的感受强烈,城市归属感受影响很大,而那些没有经历过被查暂住证或者没有遇到子女上学等问题的新生代农民工则对城乡户籍制度差异的感受较弱,城市归属感受影响相对较小。这说明了宏观结构与个人因素之间相互影响对新生代农民工城市归属感产生作用。

在"线性发展模型"中,社区人口规模与密度是影响移民社区归属感的重要因素。而本研究发现,人口规模和密度仅仅是影响部分新生代农民工城市归属感的一个相对不那么重要的因素。

除了以上因素之外,新生代农民工城市归属感及变化轨迹的影响因素还包括个人能动性和宏观结构及多种因素的综合作用。新生代农民工具有主观能动性,他们通过发挥城市认知、职业选择和城市归属感提升策略等改变其城市归属感的强度,塑造其城市归属感变化轨迹形态。新生代农民工处于宏观社会结构中,其城市归属感及变化每时每刻都会受到来自宏观社会结构的要素和过程的影响。除了城乡户籍制度和城市人口因素外,这些宏观结构力量还包括全球化系统、经济波动、城市中的发展机会结构,以及其他城市环境、人文、治安、交通和区位等要素。新生代农民工城市归属感及其变化往往同时受多种因素共同作用的影响,不是由单纯的某一因素所决定,例如城乡户籍制度与个人经历的共同作用对城市归属感造成不同影响,城市中的发展机会结构与个人的转化能力的综合作用对新生代农民工城市归属感的影响也不同。

(三)新生代农民工城市归属感及变化对个人产生的影响

新生代农民工城市归属感及变化会对其生活习惯、城市社会融合和离城意愿等产生影响。城市归属感是新生代农民工对城市的一种内心情感和关系,表现为喜欢、认同和依恋。当城市归属感较强或增强时,新生代农民工对城市的心理感受为喜欢、认同,甚至依恋,因此会积极主动地开展城市社会交往,建立人际关系和参加城市活动,想要在北京长期居住和工作,成为北京人。但是,当城市归属感较弱或减弱时,新生代农民工对城市的心理感受不是喜欢、认同、依恋,而是孤独、寂寞和焦虑,会导致吸烟量与饮酒量增加,社会交往减少,城市参与意愿下降,离城意愿上升。

通过对以上研究发现:新生代农民工的城市归属感不是一成不变的,它是随着新生代农民工在城市经历不同的社会境遇而变化的,形成特定的轨迹;社会境遇的变化则是新生代农民工个体能动性与社会环境相互作用的结果,新生代农民工个体能动性与社会环境相互作用形成了其城市归属感的变化轨迹。新生代农民工的城市归属感及变化也会对新生代农民工产生特定的个人性与社会性影响,进而改变新生代农民工的社会境遇。

二、本研究的不足与遗憾

新生代农民工问题,尤其是新生代农民工的城市社会适应与融合以及有关的城市归属感问题,是当前社会与学界关注的一个热门话题。国内学者从横向角度对新生代农民工城市归属感的结构、强度、成因及对策等内容开展了大量研究,但缺少从纵向角度对新生代农民工城市归属感的变化过程进行研究的尝试。本研究从过程角度对新生代农民工城市归属感问题进行了探究,按形态划分了新生代农民工城市归属感变化轨迹的主要类型,并对每个类型

第六章 总结与反思

的案例进行了描述。本研究还重点分析了新生代农民工城市归属感的影响因素及其产生的影响。

除了讨论以往研究关注的非个人层面的城乡户籍制度/政策（米庆成，2004）、社会关系网络、社会地位、居住时间和人口等因素（Kasarda and Janowitz, 1974），本研究还分析了新生代农民工个人主观能动性在其城市归属感强度形成与变化中的作用，如城市认知、择业观和职业选择及城市归属感提升策略，探讨了全球化系统和经济波动等宏观结构力量对新生代农民工城市归属感的影响，分析了宏观结构与个人能动性的相互作用的意义，如城市中的职业发展结构与个人发展机会的转化能力相互作用对城市归属感的影响。在分析过程中，笔者对一些重要现象进行总结，并形成具体的研究假设，如"社会化时间""生育假设"和"职业地位假设"等，以便为将来定量研究做进一步的检验。

但是本研究仍还存在一些不足与缺憾：

一是城市归属感概念的理解问题。由于受城市归属感概念的抽象性、访谈对象的受教育程度和工作性质等方面的影响，有一部分访谈对象无法完全理解城市归属感概念，达不到与本研究的界定完全一致，如有的访谈对象以生活、工作和社交等城市社会适应情况来描述其在某一阶段的城市归属感。虽然城市社会适应情况与城市归属感有某种程度的相近性，但是部分访谈对象对城市归属感概念理解的偏差仍会对本研究造成一定的影响。

二是样本代表性问题。本研究样本的性别结构与户口所在地分布不是特别合理，女性样本偏少，除了1人户口属于南方省份，其他19人户口都属于北方省份，这使得本研究的结论可推论的总体范围为男性且户口属于北方的新生代农民工。更主要的问题是,为了节约时间和便于寻找访谈对象,访员采用了滚雪球抽样法,一些案例的同质性比较高,如 Case 05、Case 06、Case 08、Case 09、Case 10 和 Case 11 都是河北人,同住在昌平区的沙村①。

三是访谈法的缺陷问题。首先,本研究需要访谈对象对自己在北京的城市适应/融合经历和城市归属感变化过程进行全面、深入、详细的回忆,甚至回忆 6~9 年以前的事情,这无疑会存在很多误差,造成访谈资料质量不高的问题。其次,是其他研究因素的控制问题,比如访员的"干扰效应"及访谈环境的影响等问题,也会影响访谈效果。

四是分析与研究的深度问题。本研究主要描述新生代农民工城市归属感的变化轨迹形态,并利用访谈材料初步分析了新生代农民工城市归属感变化的影响因素,但是还有很多影响农民工城市归属感变化的问题没有得到深入分析,例如,新生代农民工城市归属感变化阶段的平均时间长度及其原因、城市归属感的波动幅度等。由于能力所限,笔者仅从一些具体条件和因素出发对新生代农民工城市归属感及变化进行具体分析和经验概括,未能针对新生代农民工的城市归属感变化轨迹形成一个统一的简化的解释框架。

三、进一步研究可能的改进之处

根据本研究过程中出现的问题和不足,未来的研究可从以下

---

① 有关沙村的情况,请参见《同一个屋檐下:北京城乡结合部外来租户居住空间的社会学考察——以沙村为例的个案研究》(李蔚,2009)。

第六章 总结与反思

方面进一步改进：一是探索更加有利于访谈对象理解城市归属感概念的方法，建立简洁有效的测量指标，如家的感觉、家园感和依恋感等。二是选取更加有代表性的样本，增加访谈样本规模到30人以上。在本研究中由于访谈样本限制，有一些问题没有谈到。由研究者自身的社会关系网络、官方证明、现场招募受访者是比较有效的搜集样本的方式，但不要轻易将同质性高的访谈对象纳入访谈之中。三是如果可能，最好进行跟踪调查，这样可以避免回忆误差的问题，而且能够及时地捕捉到新生代农民工城市归属感的变化情况和详细背景信息，但是要考虑到这种方法的时间和预算成本等问题。四是运用问卷调查方法对本研究中的经验发现做进一步的检验，如"社会化时间""生育假设"和"职业地位假设"等。五是更加深入的研究，如对城市归属感的起止时间、阶段持续、变化幅度和变动频率等做进一步分析，进行专门的理论研究，建立一个系统的解释理论。

附　录

访谈编号：_____

新生代农民工城市归属感访谈提纲[①]

访谈说明：

本次访谈涉及您在京生活、工作和归属感等内容，您讲述的任何话语和提供的个人情况及您的言行举止都会受到访谈员的尊重。研究者本人承诺对您所提供的所有信息保密，同时请您向访谈员提供真实情况和感受。

为了记录完整的访谈资料，请您允许访员对本次访谈进行录音。如您无法接受录音或在访谈过程中有任何不适，可以随时拒绝接受访谈/提出结束访谈。

[①]是在笔者硕士毕业论文基础上修改完成的，对原访谈提纲做了适当调整，主要访谈问题及收集的信息未变，所用访谈材料来自于笔者原访谈提纲。

附 录

一、个人基本情况

1. 人口学特征

请您就年龄、籍贯、受教育程度等做一个自我介绍。

您第一次来北京是什么时候？您有暂住证吗？您现在从事什么工作？现工作地所在市区是哪里？现居住地所在市区是哪里？

请介绍一下您的婚恋情况。

您现在和谁住在一起？您有家人或亲戚在京吗？他们是做什么工作的？

2. 日常活动、消费与居住

您每天在家、工作和外出运动/逛街购物/休闲娱乐等活动的时间是如何安排的？

您每月生活成本(吃、穿、住、行、乐)是多少，占收入的比重是多少？消费比重较大的三项是？您居住的房屋类型是什么？居住面积有多大？

3. 流动情况

来北京之前，在哪些城市工作过？做过什么工作？

来北京之初，在哪个区工作过？做什么工作？住在哪个区？

您当初为什么选择来北京工作？您来北京前有什么期望或想象吗？您是怎么来北京的，是经人介绍吗？您刚来北京的感觉如何？

您对未来有什么打算(工作城市、职业、居住地点、求学)？

4. 职业(自雇、雇员、雇主)

自雇者：从业时间多久？每天/每周工作多长时间？什么工作内容？工作环境怎么样？您从自己工作获得多少价值感(成就感、受尊重感、顾客的感谢)？您与城管的关系怎么样？您平均月收入多少？

雇员：您就职公司的性质？是否签订劳动合同？您在现在公司工作时间有多久？您每天/每周工作多长时间？什么工作内容？工作环境怎么样？您从自己工作获得多少价值感(成就感、体面、受尊重感、顾客的感谢、上级的表扬、有前途)？您与同事的关系怎么样？请谈谈您的工资待遇及发展前景。

雇主：您开公司多久了？您每天/每周工作多长时间？主要工作内容有哪些？您从自己工作获得多少价值感(成就感、受尊重感、顾客的感谢、下属的服从)？您公司每月盈利状况怎么样？

5. 社会关系与社会参与

您现在与谁住在一起，彼此关系怎样？您与房东、邻居的关系怎样？在京朋友和老乡有多少，经常来往吗？您与当地人(城市居民)的关系怎样，有什么往来？

您遭到过别人的歧视或排斥吗，发生过冲突吗？您对当地居民的印象怎么样？

您遇到过什么困难？一般遇到困难后会寻求谁的帮助？

您参加过哪些社区、单位、社会活动？您加入过什么社会团体/组织，如党组织、工会、老乡会或其他群体组织？

6. 市民权益

您是否享有城市最低生活保障、社会保险(如医保、失业保险、工伤保险、养老保险)？您是否面临子女教育问题？

对于您现在在北京享有的权益，您是否觉得满足、公平？

7. 在京重大生命事件/难忘的/印象深刻的事情

您在北京发生过哪些重大的、难忘的事情？如工作变动、职位升迁、收入增加、恋爱、结婚、生育、遭遇偷盗等等。

二、城市归属感变化轨迹

1. 城市归属感理解的标准化

步骤1：访员询问受访者对城市归属感的了解程度。

您以前了解过城市归属感吗？您对这个概念是如何理解的？

步骤2：由访员向受访者大声阅读一遍本研究对城市归属感的界定："城市归属感表现为一个人所居住工作的城市是不是接受、欢迎、尊重、支持、帮助他/她，其所居住工作的城市是否满足他/她的生活、感情、工作、社交、发展和公民权益等各方面的需要。城市归属感还表现为他/她在这个城市有没有家的感觉，喜不喜欢这个城市，愿不愿意参与城市中的活动，想不想长期居住工作或定居在这个城市。"

步骤3：受访者自己选择默念或大声读一遍标准说明（如有疑问，可随时向访员提出）。

步骤4：由受访者说出自己对城市归属感的理解，如受访者的理解与本研究概念界定不一致，访员需与受访者进行讨论并给予解释，直到受访者的理解与本研究的界定一致为止。

2. 划分城市归属感的不同阶段

受访者根据自己在京体验过的不同城市归属感，划分相应时间段，并给每个时间段的城市归属感打分（0~100分，归属感越强，分数越高）。

3. 绘制城市归属感变化轨迹图

采用XY轴坐标图，X轴代表时间，Y轴代表城市归属感得分。

4. 深入访谈城市归属感变化轨迹

阶段1:请您对刚到北京的城市归属感状况做一下简单的概括。

这个阶段的城市归属感状况是由什么原因造成的？这个阶段城市归属感对您产生了怎样的影响,如给您的心理、思想、行为、生活、工作、人际关系及交往和日常活动等方面带来了什么变化？您是否反省过城市归属感对您产生的影响,是否采取了相应的策略或行动,效果如何？

阶段2:同上。

…………

访谈时间:_____   访谈地点:_____   访谈员:_____

参考文献

1.中文文献

［1］〔法〕E.迪尔凯姆:《社会学方法的准则》,狄玉明译,上海:商务印刷馆,1995年。

［2］〔英〕马林诺夫斯基:《文化论》,费孝通等译,北京:华夏出版社,2002年。

［3］裴迪南·滕尼斯:《共同体与社会》,林荣远译,上海:商务印刷馆,1999年。

［4］孙立平:《断裂——20世纪90年代以来的中国社会》,北京:社会科学出版社,2003年。

［5］〔美〕W.L.托马斯,〔波兰〕F.兹纳涅茨基:《身处欧美的波兰农民》,张友云译,江苏:译林出版社,2000年。

［6］亚伯拉罕·马斯洛:《动机与人格》,许金声译,北京:中国人民大学出版社,2007年。

［7］马克斯·韦伯:《社会科学方法论》,李秋零,田薇译,北京:中国人民大学出版社,1999年。

［8］曹力滢:《农民工市民化政策满意度对城市归属感的影响研究》,南京:南京航空航天大学硕士学位论文,2016年。

[9]方志:《两代农民工的社会认同研究》,首都经济贸易大学硕士学位论文,2007年。

[10]李洪涛:《城市居民的社区满意度及其对社区归属感的影响》,华中科技大学硕士学位论文,2005年。

[11]李蔚:《同一个屋檐下:北京城乡接合部外来租户居住空间的社会学考察——以沙村为例的个案研究》,北京大学硕士学位论文,2009年。

[12]栗志强:《郑州市都市村庄流动人口社区认同感研究》,郑州大学硕士学位论文,2006年。

[13]孟慧:《农民工的消费方式与身份认同分析——以苏北H镇外出农民工为例》,吉林大学硕士学位论文,2006年。

[14]彭元春:《农民工身份认同及其影响因素》,华中科技大学硕士学位论文,2007年。

[15]隋春波:《社会排斥与自我认同的同构》,华东师范大学硕士学位论文,2006年。

[16]姚静圆:《长沙市农民工家政服务员城市归属感研究》,北京:中央民族大学硕士学位论文,2010年。

[17]张乐:《农民工社会融入问题研究》,南京:南开大学硕士学位论文,2007年。

[18]才国伟,张学志:《农民工的城市归属感与定居决策》,《经济管理》2011年第2期。

[19]陈明,黎东丽,戴力勇:《金融危机下农民工返乡实证原因分析》,《广东农业科学》2009年第8期。

[20]陈映芳:《农民工——制度安排与身份认同》,《社会学研

究》2005年第3期。

[21]陈占江:《新生代农民工的认同危机及其重塑》,《中国青年研究》2008年第4期。

[22]戴欢欢:《农民工在城市融合过程中的社会认同"内卷化"分析》,《中共宁波市委党校学报》2010年第3期。

[23]冯婧:《隐形因子对农民工归属感影响的实证研究》,《农业经济问题》2016年第1期。

[24]符平,唐有财:《倒"U"型轨迹与新生代农民工的社会流动——新生代农民工的流动史研究》,《浙江社会科学》2009年第12期。

[25]甘满堂:《城市农民工与转型期中国社会的三元结构》,《福建大学学报》2001年第4期。

[26]高燕,梁超:《职业发展视角下新生代农民工城市归属感问题研究》,《江西农业学报》2014年第8期。

[27]郭聪慧:《城市化进程中农民工城市归属感问题探微》,《兰州学刊》2008年第9期。

[28]黄侦,王承璐:《农民工城市归属感与购房意愿关系的实证研究》,《经济经纬》2017年第2期。

[29]李萌:《新生代农民工的归属感问题研究》,《社会科学论坛》2013年第7期。

[30]李培林,李炜:《近年来农民工的经济状况和社会态度》,《中国社会科学》2010年第1期。

[31]李强,邓建伟,晓筝:《社会变迁与个人发展:生命历程研究的范式与方法》,《社会学研究》1999年第6期。

[32]李艳,孔德永:《农民工对城市认同感缺失的现状、原因与对策分析》,《山东省农业管理干部学院学报》2008年第5期。

[33]李有发:《社会归属感的嬗变及其相关问题初探》,《宁夏社会科学》2008年第4期。

[34]李煜:《影响社区归属感的要素分析》,《华中理工大学学报(社会科学版)》1992年第12期。

[35]李雨适:《美国社会学者有关社区归属感的讨论》,《国外社会学》1995年第5~6期。

[36]李云飞,吴胜锋:《论城市化进程中农民工社区归属感的培育》,《宁波大学学报(教育科学版)》2009年第6期。

[37]刘本锋:《论农民工对城市文化的认同》,《求实》2007年第12期。

[38]刘传江:《新生代农民工的特点、挑战与市民化》,《人口研究》2010年第2期。

[39]刘能:《当代中国人的生活方式:多维度的剖析》,《广西民族学院学报(哲学社会科学版)》2003年第4期。

[40]刘能:《适应抑或治理:城市化过程中的社会命运》,《思想战线》2010年第4期。

[41]刘云光:《和谐社会视阈下的社会归属感》,《中共天津市委党校学报》2008年第5期。

[42]米庆成:《农民工城市归属感问题探析》,《青年研究》2004年第3期。

[43]丘海雄:《社区归属感——香港与广州的个案研究》,《中山大学学报》1989年第2期。

[44]史溪源:《对农民工城市归属感缺乏原因的分析——社会流动的视角》,《山东行政学院学报》2011年第5期。

[45]田志锋:《农民工归属感现状调查》,《中国劳动》2009年第12期。

[46]王春光:《新生代农村流动人口的社会认同与城乡融合的关系》,《社会学研究》2001年第3期。

[47]王春光:《农村流动人口的"半城市化"问题研究》,《社会学研究》2006年第5期。

[48]王春光:《对新生代农民工城市融合问题的认识》,《人口研究》2010年第2期。

[49]魏晨:《新生代农民工的城市社会融入研究》,《湖北广播电视大学学报》2007年第2期。

[50]王毅杰,高燕:《社会经济地位、社会支持与流动农民身份意识》,《市场人口分析》2004年第2期。

[51]文军:《论我国城市劳动力新移民的系统构成及其行为选择》,《南京社会科学》2005年第1期。

[52]项飚:《"东镇民工"系列调查之六——自我定位与人生安排》,《中国青年研究》1998年第6期。

[53]谢建社:《农民工分层:中国城市化思考》,《广州大学学报(社会科学版)》2006年第10期。

[54]翟振武,段成荣,毕秋灵:《北京市流动人口的最新状况与分析》,《人口研究》2000年第2期。

[55]张璐,黄溪,惠源:《新生代农民工自我身份认同影响因素分析》,《广西经济管理干部学院学报》2009年第4期。

[56]郑志华:《新生代农民工居住状况与发展趋势》,《中国青年研究》2011年第1期。

[57]周运清,刘莫鲜:《都市农民的二次分化与社会分层研究》,《中南民族大学学报(人文社会科学版)》2003年第1期。

[58]朱考金:《城市农民工的心态与观念——以南京市600例样本的频数分布为例》,《社会》2003年第9期。

[59]朱力:《论农民工阶层的城市适应》,《江海学刊》2002年第6期。

[60]2010年中央一号文件。

2. 传媒资料

[1]百度百科,2011:"北京(2011年5月17日更新)",http://baidu.baike.com/view/2621.htm。

[2]北京市第六次全国人口普查领导小组办公室、北京市统计局、国家统计局北京调查总队:《北京市第六次全国人口普查主要数据公报》,北京统计信息网:http://www.bjstats.gov.cn/xwgb/tjgb/pcgb/201105/t20110504_201363.htm。

[3]《北京城区人口密度每平方千米7837人超东京》,《法制晚报》,新浪网:http://news.sina.com.cn/c/2011-07-18/135422833521.shtml。

[4]国家统计局:《2016年农民监测调查报告》,国家统计局网站:http://www.stats.gov.cn/tjsj/zxt6/201704/t20170428_1489334.html。

[5]李鹏:《农民工失业潮调查显示农民工工资收入增幅回落》,2009年,财经网:http://www.caijing.com.cn/2009-01-12/110047245.html。

[6]涂露芳:《北京市常住人口年增60万》,《北京日报》2011年5月5日。

[7]周明杰:《北京22日起将集中查暂住证以确保奥运会安全》,《北京晚报》2008年2月21日。

3. 英文文献

[1]Brehm, Joan M. Community attachment:The complexity and consequence of the natural environment facet[J]. Human Ecology,2007, 35:477~488.

[2]Brown, Ralph B., Xiaohe. Xu, Melissa A. Barfield., and Braden G. King. Community experience and the conceptual distinctness of rural communinty attachment and satisfaction:A measurement mode [J]. Research in Community Sociology,2000,10: 427~446.

[3]Buttel, Frederick H., Oscar B. Martinson, and E. A. Wilkening. Size of place and community attachment:A reconsideration [J]. Social Indicatiors Reasearch, 1979,Vol. 6, No.4:475~485.

[4]Fisher, Claude S. Urbanism as a way of life:A review and an agenda [J]. Sociological Methdods and Research, 1972,Vol. 1,No. 2: 187~242.

[5]Goudy, Willis J. Further consideration of indicators of community attachment [J]. Social Indicators Research, 1982,Vol. 11, No.2: 181~192.

[6]Kasarda, Jonh D. and Morris Janowitz. Community attachment in mass society [J]. American Sociological Review, 1974,Vol. 39, No. 3:328~338.

[7]MacIver, Robert. Community:A Sociological Study [M]. London:Macmillan and Co.,Limited,1917.

[8]Morris, R. N. Urban Sociology [M]. New York:Fredrick A. Praeger,1968.

[9]Myers, S. M. Childhood migration and social integration in adulthood [J]. Journal of Marriage and the Family, 1999,Vol. 61, No. 3:774~789.

[10]Park, Robert E. and Ernest W. Burgess. Introduction to the Science of Sociology [M]. Chicgo:University of Chicago Press,1921.

[11]Sampson, Robert J. Local friendship ties and community attachment in mass society:A multilevel systematic model [J]. American Sociological Review, 1988,Vol. 53, No.5:766~779.

[12]Thomas, W. I. On Socilogical Organization and Social Personnality (ed, by Morris Janiwitz) [M]. Chicago:University of Chicago Press,1967.

[13]Wasserman, Ira M. Size of place in relation to community attachment and satisfication of community [J]. Social Indicators Research, 1988,Vol. 11, No. 4:421~436.

[14]Wirth, Louis. Urbanism as a way of life [J]. American Journal of Sociology, 1938. Vol. 44, No. 1:3~24.